Novas mensagens

FRANCISCO CÂNDIDO XAVIER

Novas mensagens

Pelo Espírito
Humberto de Campos

Copyright © 1939 *by*
FEDERAÇÃO ESPÍRITA BRASILEIRA – FEB

14ª edição – Impressão pequenas tiragens – 1/2025

Revisado de acordo com a edição definitiva (2ª edição/1940).

ISBN 978-85-7328-819-3

Todos os direitos reservados. Nenhuma parte desta publicação pode ser reproduzida, armazenada ou transmitida, total ou parcialmente, por quaisquer métodos ou processos, sem autorização do detentor do *copyright*.

FEDERAÇÃO ESPÍRITA BRASILEIRA – FEB
SGAN 603 – Conjunto F – Avenida L2 Norte
70830-106 – Brasília (DF) – Brasil
www.febeditora.com.br
editorial@febnet.org.br
+55 61 2101 6161

Pedidos de livros à FEB
Comercial
Tel.: (61) 2101 6161 – comercial@febnet.org.br

Adquirindo esta obra, você está colaborando com as ações de assistência e promoção social da FEB e com o Movimento Espírita na divulgação do Evangelho de Jesus à luz do Espiritismo.

Dados Internacionais de Catalogação na Publicação (CIP)
(Federação Espírita Brasileira — Biblioteca de Obras Raras)

C198n   Campos, Humberto de (Espírito)

         Novas mensagens / pelo Espírito Humberto de Campos; [psicografado por] Francisco Cândido Xavier. – 14. ed. – Impressão pequenas tiragens – Brasília: FEB, 2025.

         150 p.; 21 cm – (Coleção Humberto de Campos/ Irmão X)

         Apêndice: Antíteses da personalidade de Humberto de Campos e de Francisco Cândido Xavier

         Inclui índice geral

         ISBN 978-85-7328-819-3

         1. Espiritismo. 2. Obras psicografadas. I. Xavier, Francisco Cândido, 1910-2002. II. Federação Espírita Brasileira. III. Título. IV. Coleção.

                                 CDD 133.93
                                 CDU 133.7
                                 CDE 80.01.00

Sumário

O Espiritismo no Brasil..................7

1   D. Pedro II..................11
2   A "morte" de Pio XI 19
3   O Carnaval no Rio 27
4   História de um médium 31
5   No banquete do Evangelho 39
6   Marte 45
7   A Agripino Grieco 53
8   Carta de Gastão Penalva 63
9   Carta a Gastão Penalva 67
10   Oração do Natal 75
11   Ludendorff..................81
12   Maio *87*

Apêndice 91
Anexo 1   Antíteses da personalidade de
            Humberto de Campos *93*
Anexo 2   Francisco Cândido Xavier 123
Índice Geral *133*

O Espiritismo no Brasil

Numerosos companheiros de Allan Kardec já haviam regressado às luzes da Espiritualidade, quando inúmeras entidades do serviço de direção dos movimentos espiritistas no planeta deliberaram efetuar um balanço de realizações e de obras em perspectiva nos arraiais doutrinários, sob a bênção misericordiosa e augusta do Cordeiro de Deus.

Vivia-se, então, no limiar do século XX, de alma aturdida ante as renovações da Indústria e da Ciência, aguardando-se as mais proveitosas edificações para a vida do globo.

Falava-se aí, nesse conclave do Plano Invisível, com respeito à propagação da nova fé, em todas as regiões do mundo, procurando-se estudar as possibilidades de cada país, no tocante ao grande serviço de restauração do Cristianismo, em suas fontes simples e puras.

Após várias considerações em torno do assunto, o diretor espiritual da grande reunião falou com segurança e energia:

— Irmãos de eternidade, no mundo terrestre, de modo geral, as doutrinas espiritualistas, em sua complexidade e transcendência, repousam no coração da Ásia adormecida; mas precisamos considerar que o Evangelho do Divino Mestre não conseguiu ainda harmonizar essas variadas correntes de opinião do espiritualismo oriental com a fraternidade perfeita, em vista de as nações do Oriente se encontrarem cristalizadas na sua própria grandeza há alguns milênios.

"Em breve, as forças da violência acordarão esses países que dormem o sono milenário do orgulho, numa injustificável aristocracia espiritual, a fim de que se integrem na lição da solidariedade verdadeira, mediante os ensinamentos do Senhor!... Urge, pois, nos voltemos para a Europa e para a América, onde, se campeiam as inquietações e ansiedades, existe um desejo real de reforma, em favor da grande cooperação pelo bem comum da coletividade. Certo essa renovação é sinônima de muitas dores e dos mais largos tributos de lágrimas e de sangue; mas, sobre as ruínas da civilização ocidental, deverá florescer no futuro uma sociedade nova, Sobre a base da solidariedade e da paz, em todos os caminhos dos progressos humanos... Examinemos os resultados dos primeiros esforços do Consolador no Velho Mundo!..."

E os representantes dos exércitos de operários que laboram nos diversos países da Europa e da América, começaram a depor, sobre os seus trabalhos, no congresso do Plano Invisível, elucidando-os sinteticamente:

— A França — exclamava um deles —, berço do grande missionário e Codificador da Doutrina, desvela-se pelo esclarecimento da razão, ampliando os setores da ciência humana, positivando a realidade de nossa sobrevivência, através dos mais avançados métodos de observação e de pesquisa. Lá se encontram ainda numerosos mensageiros do Alto, como Denis, Flammarion e Richet, clareando ao mundo os grandes caminhos filosóficos e científicos do porvir.

— A Grã-Bretanha — afirmava outro — multiplica os seus centros de estudo e de observação, intensificando as experiências de Crookes e dissolvendo antigos preconceitos.

— A Itália — asseverava novo mensageiro — teve com Lombroso o início de experiências decisivas. O próprio Vaticano se interessa pela movimentação das ideias espiritistas no seio das classes sociais, no qual foi estabelecido rigoroso critério de análise no comércio dos planos invisíveis com o homem terrestre.

— A Rússia, bem como outras regiões do Norte — prosseguia outro emissário —, conseguira com Aksakof a difusão de nossas verdades consoladoras. Até a corte do Czar se vem interessando nas experimentações fenomênicas da Doutrina.

— A Alemanha — afirmava ainda outro — possui numerosos físicos que se preocupam cientificamente com os problemas da vida e da morte, enriquecendo os nossos esforços de novas expressões de experiência e de cultura...

Iam as exposições a essa altura, quando uma luz doce e misericordiosa inundou o ambiente da reunião de sumidades do Plano Espiritual. Todos se calaram, tomados de emoção indizível, quando uma voz, augusta e suave, falou, através das vibrações radiosas de que se tocava a grande assembleia:

— Amados meus, não tendes, para a propagação da palavra do Consolador, senão os recursos da ciência humana falível? Esquecestes que os excessos do raciocínio prejudicaram o coração das ovelhas desgarradas do grande rebanho? Não haverá verdade, sem humildade e sem amor, porque toda a realidade do Universo e da vida deve chegar ao pensamento humano, antes de tudo, pela fé, ao sopro dos seus resplendores eternos e divinos!... Operários do Evangelho, excelente é a ciência bem-intencionada do mundo, mas não esqueçais o coração em vossos labores sublimes... Procurai a nação da fraternidade e da paz, onde se movimenta o povo mais emotivo do globo terrestre, e iniciai aí uma tarefa nova. Se o Cristo edificou a sua igreja sobre a pedra segura e inabalável da fé que remove montanhas e se o Consolador significa a doutrina luminosa e santa de esperança de redenção suprema das almas, todos os seus movimentos devem conduzir à caridade, antes de tudo, porque sem caridade não haverá paz nem salvação para o mundo que se perde!...

Uma copiosa efusão de luzes, como bênçãos do Divino Mestre, desceu do Alto sobre a grande assembleia, assim que o apóstolo do Senhor terminou a sua exortação comovida e sincera, luzes essas que se dirigiam, como aluvião de claridades, para a terra generosa e grande que repousa sob a luz gloriosa da constelação do Cruzeiro.

E foi assim que a caridade selou, então, todas as atividades do Espiritismo brasileiro. Seus núcleos, em todo o país, começaram a representar os centros de eucaristia divina para todos os desesperados e para todos os sofredores. Multiplicaram-se as tendas de trabalho do Consolador, em todas as suas cidades prestigiosas, e as receitas mediúnicas, os conselhos morais, os postos de assistência, as farmácias homeopatas gratuitas, os passes magnéticos multiplicaram-se, em toda parte no Brasil, para a fusão de todos os trabalhadores, no mesmo ideal de fraternidade e de redenção pela caridade mais pura.

(Recebida pelo médium Francisco Cândido Xavier, em 5 de novembro de 1938.)

~ 1 ~
D. Pedro II

Enquanto os vivos se reuniam em torno do monumento que o Brasil erigiu ao Patriarca da Independência,[1] no Rio de Janeiro, os grandes "mortos" da pátria igualmente se colocavam entre os encarnados, aliando-se ao povo carioca nas suas comovedoras lembranças.

Também acorri ao local da festa votiva dos brasileiros, acompanhado do meu amigo José Porfírio de Miranda, antigo milionário do Pará, que a borracha elevara às culminâncias da fortuna, conduzindo-o, em seguida, aos declives da miséria, nos seus caprichosos movimentos.

Os vivos e mortos do Brasil se reúnem na mesma vibração afetiva das recordações suaves, enviando ao nobre organizador da vida política da nacionalidade um pensamento de amizade e de veneração.

---
[1] N.E.: José Bonifácio de Andrada e Silva (1763-1838) foi naturalista, estadista e poeta brasileiro. É conhecido pelo epíteto de "Patriarca da Independência" por ter sido uma pessoa decisiva para a Independência do Brasil.

Antigo companheiro nosso, também no Plano Invisível, em plena via pública, acercou-se de mim, exclamando:
— Chegas um pouco tarde. José Bonifácio já não está presente; mas poderás ainda conseguir uma proveitosa entrevista para os teus leitores. Sabes quem saiu daqui neste momento?
— Quem? — pergunto eu, na minha fome de notícias.
— O Imperador.
— D. Pedro II?
— Ele mesmo. Após lembrar a grande figura do Patriarca, dirigiu-se com alguns amigos para Petrópolis, a reavivar velhas lembranças...
Em meu íntimo, havia um alvoroço de emoções. Lembrei-me de que, em toda a minha existência de jornalista no mundo, só enxergara um monarca diante dos meus olhos: o rei Alberto I, dos belgas, quando, no Clube dos Diários, a elite dos intelectuais do país lhe oferecera a homenagem de uma comovida admiração. E ponderei se haveria mérito em consultar o pensamento de um rei, no outro mundo, onde todas as majestades desaparecem. Recordei a figura do grande Imperador que Victor Hugo considerava o monarca republicano. Com os olhos da imaginação, vi-o, de novo, na intimidade dos Paços de São Cristóvão: o perfil heráldico, no qual um sorriso de bondade espalhava o perfume da tolerância; as barbas compridas e brancas, como as dos santos das oleografias católicas; o olhar cheio de generosidade e de brandura, irradiando as mais doces promessas.

Um vivo, havendo de ir a Petrópolis, é obrigado ao trajeto penoso dos ônibus, embora as perspectivas maravilhosas do mais belo trecho de todas as estradas do Brasil; os desencarnados, porém, não necessitam de semelhantes sacrifícios. Num abrir e fechar de olhos, eu e o meu amigo nos encontrávamos na encantadora cidade das hortênsias, onde os milionários do Rio de Janeiro podem descansar nas mais variadas épocas do ano.

Não fomos encontrar o Imperador nos antigos edifícios em que estabelecera a residência patriarcal de sua família; mas justamente num recanto de jardim, contemplando as deliciosas paisagens da Serra da Estrela e apreciando o sabor das recordações amigas e doces.

Acerquei-me da sua individualidade, com um misto de curiosidade e de profundo respeito, procurando improficuamente identificar os dois companheiros que o rodeavam.

— Majestade! — tentei chamar-lhe a atenção com a minha palavra humilde e obscura.

— Aproximem-se, meus amigos! — respondeu-me com benevolência e carinho. — Aqui não existe nenhuma expressão de majestade. Cá estão, fraternalmente comigo, o Afonso[2] e o Luíz,[3] como três irmãos, sentindo eu muito prazer na companhia de ambos. Se o mundo nos irmana sobre a Terra, a morte nos confraterniza no espaço infinito, sob as vistas magnânimas do Senhor.

E, fazendo uma pausa, como quem reconhece que há tempo de falar e tempo de ouvir, conforme nos aconselha a sabedoria da *Bíblia*, exclama o Imperador com bondade:

— A que devo o obséquio da sua interpelação?

— Majestade! — respondi, confundido com a sua delicadeza — desejara colher a sua opinião com respeito ao Brasil e aos brasileiros. Estamos no limiar do cinquentenário de República e seria interessante ouvir o vosso conselho paternal para os vivos de boa vontade. Que pensais destes quarenta e tantos anos de novo regime?

— Minha palavra — retrucou D. Pedro — não pode ter a importância que a sua generosidade lhe atribui. Que poderia dizer do Brasil, senão que continuo a amá-lo com a mesma dedicação de

---

[2] N.E.: Afonso Celso de Assis Figueiredo (1836–1912), visconde de Ouro Preto. Foi presidente do último gabinete ministerial que teve a monarquia.

[3] N.E.: Luíz Filipe Gastão de Orléans (1608–1660), conde d'Eu. Tornou-se genro de D. Pedro II ao se casar com a princesa Isabel.

todos os dias? Do Plano Invisível, para o mundo, prosseguimos no mesmo labor de construção da nacionalidade. As convenções políticas dos homens não atingem os Espíritos desencarnados. O exílio termina sempre na sepultura, porque a única realidade é o amor, e o amor, eliminando todas as fronteiras, nos ligou para sempre ao torrão brasileiro. Não tenho o direito de criticar a República, mesmo porque todos os fenômenos políticos e sociais do nosso país tiveram os seus pródromos no Mundo Espiritual, considerando-se a missão do Brasil dentro do Evangelho. Apenas quero dizer que não só os republicanos, mas também nós, os da monarquia, estávamos redondamente enganados. O erro da nossa visão, quando na Terra, foi supor no Brasil o mesmo espírito anglo-saxão que a Inglaterra legara aos norte-americanos. Eu também fui apaixonado pelo liberalismo, mas a verdade é que, em nossa terra, prevaleciam outros fatores mesológicos e, até agora, não temos sabido conciliar os interesses da nação com esses imperativos.

"A ausência de tradição nos elementos de nossa origem como povo estabeleceu uma descentralização de interesses, prejudicial ao bem coletivo do país. Para a formação nacional, não vieram da metrópole os Espíritos mais cultos. Pesando, de um lado, os africanos, revoltados com o cativeiro, e, de outro, os índios, revoltados com a invasão do estrangeiro na terra que era propriedade deles, a balança da evolução geral ficou seriamente comprometida. Sentimentos excessivos de liberdade não nos permitiram um refinamento de educação política. Todos querem mandar e ninguém se sente na obrigação de obedecer. Quando no Império, possuíamos a autoridade centralizadora da Coroa, prevalecendo sobre as ambições dos grupos partidários que povoavam os nossos oito milhões de quilômetros quadrados; mas, quando os republicanos sentiram de perto o peso das responsabilidades que tomaram à sua conta, os Espíritos mais educados reconheceram o desacerto das nossas concepções administrativas. Enquanto as nações da Europa e os Estados Unidos podiam empregar livremente em nosso país os seus capitais, a título de empréstimos vultosos que desbaratavam compulsoriamente a nossa economia, o Brasil podia descansar na monocultura, fazer a política dos partidos e adiar a solução dos seus problemas para o dia seguinte, dentro de um regime para o qual não se achava preparado em 1889. Mas, quando se manifestou a crise mundial de 1929, todas as instituições políticas sofreram as mais amplas renovações dentro dos movimentos revolucionários de 1930. Os capitais estrangeiros não puderam mais canalizar suas disponibilidades para a nossa terra, controlados pelos governos autárquicos dos tempos que correm, e o Brasil acordou para a sua própria realidade. Aliás, nós, os desencarnados, há muito tempo procuramos auxiliar os vivos na sua tarefa."

— Quer dizer que também tendes inspirado os labores dos estadistas brasileiros?

— Sim, de modo indireto, pois não podemos interferir na liberdade deles. Há alguns anos, procurei auxiliar Alberto Torres[4] nas suas elucubrações de ordem social e política. Em geral, nós, os desencarnados, buscamos influenciar, de preferência, os organismos mais sensíveis à nossa ação, e Torres era o instrumento de nossas verdades para a administração. A realidade, porém, é que ele falou como Jeremias.[5] Somente a gravidade da situação conseguiu despertar o espírito nacional para novas realizações.

— Majestade, as vossas palavras me dão a entender que aprovais o novo estado de coisas do Brasil. Aplaudistes, então, a queda da denominada República Velha, sob as vibrações revolucionárias de 1930?

---

[4] N.E.: Alberto de Seixas Martins Torres (1865–1917) foi político, jornalista e bacharel em Direito. Pensador social brasileiro preocupado com questões da unidade nacional e da organização social brasileira.

[5] N.E.: Profeta bíblico nascido por volta de 646 a.c. em Anatot, localidade situada próxima de Jerusalém. A sua vocação profética iniciou-se em 626 a.c., acreditando-se que tenha morrido lá por volta do ano 580 a.C.

— Com as minhas palavras — disse ele bondosamente — não desejo exaltar a vaidade de quem quer que seja, nem deprimir o esforço de ninguém. Não posso aplaudir nenhum movimento de destruição, pois entendo que, sobre a revolução, deve pairar o sentimento nobre da evolução geral de todos, dentro da maior concórdia espiritual. Considere que, examinando a minha consciência, não me lembro de haver fortalecido nenhum sentimento de rebeldia nos meus tempos de governo; entretanto, muito sofri, verificando que eu poderia ter suavizado a luta entre os nossos estadistas e os políticos da América espanhola. Outra forma de ação poderíamos ter empregado no caso de Rosas e de Oribe e mesmo em face do próprio Solano López,[6] cuja inconsciência nos negócios do povo ficou evidentemente patenteada. E note-se que o problema se constituía de graves questões internacionais. O nosso mal foi sempre o desconhecimento da realidade brasileira. Os nossos períodos históricos têm sofrido largamente os reflexos da vida e da cultura europeias. Nos tempos do Império, procurei saturar-me dos princípios democráticos da política francesa, tentando aplicá-los, amplamente, ao nosso meio, longe das nossas realidades práticas. Os republicanos, com Benjamim Constant,[7] Deodoro[8] etc., deram-se a estudar *A república americana*, de Bryce,[9] distantes dos nossos problemas essenciais. Quando re-

---

[6] N.E.: Alusão às lutas e à guerra em que se envolveu o Brasil com as Repúblicas do Uruguai, da Argentina e do Paraguai (novembro de 1864–março de 1876).

[7] N.E.: Benjamin Constant Botelho de Magalhães (1833–1891), militar, engenheiro, professor e estadista brasileiro. Um dos principais articuladores do levante republicano de 1889.

[8] N.E.: Manuel Deodoro da Fonseca (1827–1892), militar e político brasileiro, proclamador da República e primeiro presidente do Brasil.

[9] N.E.: James Bryce, jurista e diplomata britânico nascido em Belfast, Irlanda do Norte. Entre suas diversas obras, destaca-se *The american commonwealth* (1888), um dos principais trabalhos sobre a constituição americana.

gressei das lutas terrestres, procurei imediatamente colaborar na consolidação do novo regime, a fim de que a divisão e os desvarios de muitos dos seus adeptos não terminassem no puro e simples desmembramento do país. Graças a Deus, conseguimos conduzir Prudente de Morais[10] ao poder constitucional, para acabarmos reconhecendo agora as nossas realidades mais fortes. Devo, todavia, fazer-lhe sentir que não me reconheço com o direito de opinar sobre os trabalhos dos homens públicos do país. Cabe-me, sim, rogar a Deus que os inspire, no cumprimento de seus austeros deveres, diante da pátria e do mundo. O grande caminho da atualidade é a organização da nossa economia, em matéria de política, e o desenvolvimento da educação, no que concerne ao avanço sociológico dos tempos que passam. Os demais elementos de nossas expressões evolutivas dependem de outros fatores de ordem espiritual, longe de todas as expressões transitórias da política dos homens.

A essa altura, notei que a minha curiosidade jornalística começava a magoar a venerável entidade e mudei repentinamente de assunto.

— Majestade, que dizeis da grande figura hoje lembrada?

— O vulto de José Bonifácio foi sempre objeto de meu respeito e de minha amizade. E olhe que foi ele o mais sensato organizador da nacionalidade brasileira, cujo progresso acompanha, carinhosamente, com a sua lealdade sincera. Hoje, que se comemora o centenário da sua desencarnação, devemos relembrar o seu regresso ao Brasil, em meados do século passado, tendo sido uma das mais elevadas expressões de cultura na constituinte de 1891.

Dispunha-me a obter novos esclarecimentos; mas o Imperador, acompanhado de amigos, retirava-se quase que abruptamente da nossa companhia, correspondendo fraternalmente a outros apelos sentimentais.

---

[10] N.E.: Prudente José de Morais e Barros (1841-1902), advogado e político brasileiro.

Palavras amigas de adeus e votos de ventura no Plano Imortal, e eu e o meu amigo José Porfírio lá ficávamos com a suave impressão da sua palavra sábia e benevolente.

Daí a momentos, o meu companheiro quebrava o silêncio de minha meditação:

— Humberto, os monarquistas tinham razão!... Este velho é um poço de verdade e de experiência da vida! Você deve registrar esta entrevista, oferecendo aos vivos estas palavras quentes de conhecimento e de sabedoria!...

E aqui estou escrevendo para os meus ex-companheiros pelo estômago e pelo sofrimento.

Acreditarão no humilde cronista desencarnado?

Não guardo dúvidas nesse sentido. Penso que obteria mais amplos resultados se fosse ao Cemitério do Caju e gritasse a palavra do Imperador para dentro de cada túmulo.

(Recebida pelo médium Francisco Cândido Xavier.)

~ 2 ~
A "morte" de Pio XI

Cercado de todas as honras pontificais, Pio XI agoniza...

De seus lábios exaustos, nada mais se ouve, além de algumas palavras ininteligíveis. Seu coração está mergulhado na rede dolorosa das perturbações orgânicas, mas seu espírito está lúcido, como o de uma sentinela, a quem não se permite dormir.

Alvorece o dia... Preparam-se os sinos de Roma para anunciar as *matinas*[11] à antiga cidade dos césares e o velho pontífice tenta, ainda uma vez, articular uma palavra que expresse a sua vontade derradeira. Todavia, não obstante todas as dignidades sacerdotais e apesar de todos os títulos nobiliárquicos do mundo, que lhe outorgam o tratamento de um soberano terrestre, Sua Santidade se despede da vida material, sob os mesmos imperativos dos regulamentos humanos da Natureza. A morte não lhe reconhece a soberania, e a asma cardíaca lhe devora as últimas

---

[11] N.E.: Na liturgia católica, cânticos da primeira parte do ofício divino, geralmente entre meia-noite e o levantar do sol.

possibilidades de prosseguir na tarefa terrena, chamando-o a novos testemunhos.

Pio XI desejaria fazer algumas recomendações *in extremis*, mas sente-se invadido por uma corrente de frio inexplicável, que lhe paralisa todos os centros de força.

Os religiosos que o assistem compreendem que é chegado o fim de sua resistência, e o cardeal Lauri se aproxima do moribundo, ministrando-lhe a extrema-unção, segundo as tradições e hábitos da Igreja.

O papa agonizante experimenta, então, todas as angústias do homem no instante derradeiro... Aos olhos de sua imaginação, desenham-se os quadros nevados e deliciosos da Lombardia,[12] na sua infância descuidada e risonha, os velhos pais, amorosos e compassivos, o pároco humilde que o animou para os estudos primeiros e, depois, as proveitosas experiências nas ondas largas e bravias do oceano do mundo, junto aos esplendores de Milão e de sua catedral majestosa... Ele que orara, fervorosamente, tantas vezes, sentia agora uma dificuldade infinita para elevar o pensamento ao Deus de misericórdia e de sabedoria, que ele supunha no ambiente faustoso de seus templos frios e suntuosos... Uma lágrima pesada lhe rolou dos olhos, cansados das penosas preocupações do mundo, enquanto o raciocínio se lhe perdia em amargas conjeturas.

Não era ele o vigário-geral do Filho de Deus sobre a Terra? Sua personalidade não ostentava o título de Príncipe do Clero?

Num derradeiro olhar, fixou, ainda nas próprias mãos, o reluzente anel, chamado do Pescador...[13] Desejou falar, ainda uma vez, aos companheiros, mergulhados em preces fervorosas, das meditações angustiadas da morte, mas percebeu que as suas cordas vocais estavam hirtas...

---

[12] N.E.: Região do norte da Itália, na base dos Alpes.
[13] N.E.: O Anel do Pescador é um símbolo oficial do Papa, o sucessor de Pedro, que era pescador.

Foi quando, então, Pio XI começou a divisar, em derredor do seu leito de agonia, um compacto exército de sombras. Algumas lhe sorriam com solicitude, enquanto outras o contemplavam com indefinível melancolia. Ao seu lado, percebeu duas figuras veneráveis que o auscultavam, como se fossem médicos desconhecidos, vindos em socorro dos senhores Rochi e Bonanome, seus assistentes naquele dia. Esses médicos do Invisível como que o submetiam a uma operação difícil e delicada...

Aos poucos, o velho pontífice romano sentiu que os olhos materiais se lhe apagavam amortecidos, mas, dentro de sua visão espiritual, continuava a perceber a presença de pessoas estranhas e que o rodeavam, dentre as quais se destacara um vulto simpático que lhe estendia os braços, solícito e compassivo.

Pio XI não teve dificuldades em identificar a figura respeitável que o acolhia com benevolência e carinho.

— Leão XIII!... — murmurou ele, no silêncio íntimo de seu coração, recordando os instantes gloriosos de seu passado eclesiástico.

Mas, a nobre entidade que se aproximava, abraçando-o, exclamou compassivamente:

— Aquiles, cessam agora todos os preconceitos religiosos que formavam a indumentária precisa ao cumprimento de tua grande missão no seio da Igreja!... Chama-me Joaquim Pecci, porque, como hoje te recordas de Désio e da infância longínqua, desejoso de recomeçar a vida terrestre, que terminas neste instante, também eu me lembrei, no momento supremo, de minha risonha meninice em Carpineto, ansioso de regressar ao passado para encetar uma nova vida, porque a verdade é que todos nós, em assumindo os sublimes compromissos com a lição do Senhor, prometemos realizar uma tarefa para a qual nos sentimos frágeis e desalentados, em nossas imperfeições individuais...

E como Aquiles Ratti revelasse estupefação, diante do fenômeno, continuou a entidade amiga:

— Levanta-te! Para o bom trabalhador, há poucas possibilidades de repouso!...

Nesse instante, como se fosse tocado por um poder maravilhoso, Pio XI notou que o seu corpo estava rígido ao seu lado. Numerosos companheiros se aproximavam, comovidos, de seus despojos, inclusive o cardeal camerlengo, que se tomava de profunda emotividade em frente da nova tarefa.

Procedia-se aos primeiros rituais, a que se obedece, em tais circunstâncias no Vaticano, quando a voz de Leão XIII se fez ouvir de novo:

— Meu irmão — disse ele, austeramente —, todos nós somos obrigados a comparecer ante o tribunal que nos julga por todos os atos levados a efeito na direção da Igreja a que chamamos, impropriamente, barca de São Pedro... Antes, porém, que sejas conduzido, pela legião dos seres espirituais que te esperam, ao tribunal dessas sentenças supremas, visitemos a nossa Jerusalém de pompa e de pecado, para nos certificarmos de suas ruínas próximas, ante o triunfo do Evangelho redentor!...

Nesse momento, o cardeal Pacelli retirava do cadáver o anel simbólico, enquanto as duas entidades, abraçadas uma à outra, se dirigiam à Capela Sistina e daí à famosa Basílica de São Pedro, para as tradicionais e antigas orações.

Penetrando ambos sob as colunas grandiosas que suportam a larga varanda, dizia o autor da encíclica *Rerum novarum*[14] para o seu vacilante companheiro:

— Outrora, neste local, erguiam-se o Templo de Apolo, o Templo da Boa Deusa, o Palácio de Nero e outras expressões de loucura e de crueldade que condenamos, até hoje, nas doutrinas do paganismo.[15] Os tesouros de Constantino e de Helena modificaram a fisionomia do santuário aqui erguido, quando o sangue e

---

[14] N.E.: *Das coisas novas*.
[15] N.E.: Os cristãos aproveitaram muitos dos templos, com as alfaias pagãs, para transformá-los em igrejas suntuosas.

as lágrimas dos mártires semeavam as flores de Jesus Cristo sobre a face escura da Terra!...[16] Em lugar da humildade cristã, levantaram-se no Vaticano as magnificências de ouro e de pedrarias...

Atravessados os frontispícios suntuosos, as duas entidades ingressaram num ambiente parecido com o das histórias das "mil e uma noites", recamado de luxo fulgurante e indescritível. Por ali, há o sinal dos artistas de todos os séculos. Monumentos da pintura e da escultura de todos os tempos assombram os forasteiros espirituais que acompanham a cena grandiosa e melancólica. As imagens, os altares, as colunatas, os anjos de pedra, os nichos suntuosos se multiplicam em deslumbramento maravilhoso.

Chegadas ao pé da magnífica estátua de Pedro, talhada no antigo bronze da imagem de Júpiter Capitolino,[17] que toda a

---

[16] N.E.: Constantino foi o césar romano que adotou, oficializando-a, a religião cristã. Sua mãe, Helena, mais tarde canonizada pela Igreja, dispondo de grandes riquezas, muito ajudou a expansão e o progresso do Cristianismo. Visitando Jerusalém (em 325), fez construir a chamada Igreja do Santo Sepulcro. A ela, Helena, se atribui o encontro da verdadeira cruz na qual foi Jesus crucificado. Onde se ergue hoje a grande Basílica de São Pedro, em Roma, construída por aquiescência de Constantino, e enriquecida com muitos dos ricos despojos tomados dos infiéis, existia então um humílimo oratório subterrâneo. Segundo a tradição, ali estava depositado o corpo de Pedro, que, em sítio próximo, sofrera o martírio pela fé. Todo o local, atualmente Vaticano, era pouco habitado, por insalubre, atribuindo-se febres ao ar úmido lá respirado. Por isso, embora vizinho do Circo e dos jardins de Nero, era quase deserto, permitindo que os cristãos ali se reunissem e ali guardassem os restos dos seus irmãos sacrificados nas perseguições ordenadas pelos sanguinários imperadores romanos.

[17] N.E.: Capitólio ou Monte Capitolino, que tinha então dois cumes, era uma das sete colinas de Roma, onde se viam vários templos, o Ateneu dos poetas, o Tabulário (onde se guardavam as leis) e obras de arte, inclusive o Arco de Cipião, o africano, e a estátua equestre de Marco Aurélio, em um; no outro cume, a famosa cidadela, que Tácito declarava inexpugnável. Quase tudo desapareceu. Aí se erguia, em honra de Júpiter – o maior dos deuses – o considerado primeiro templo romano. Em seu lugar, foi mais tarde construída a igreja chamada "Ara Coeli", sob a invocação da Virgem Maria. O que resta do Capitólio, em nossos dias, não dá ideia sequer do que foi, bastando salientar estar constituído pela praça central, então denominada Entre-os-Montes, à qual se chega por uma escada magnífica, cujo desenho se deve a Michelangelo, e onde figuram algumas das velhas e primorosas estátuas e colunas salvas das ruínas.

Roma venerava em épocas remotas, estátua essa idealizada sob as ordens de Leão Magno, quando das vitórias romanas sobre o gênio estratégico e belicoso de Átila, as duas entidades se detiveram, pensativas.

Obedecendo aos seus antigos hábitos, Pio XI ajoelhou-se e, ocultando o rosto entre as mãos, orava fervorosamente, quando uma voz sublimada e profunda lhe atinge em cheio a consciência, como se proviesse das ilimitadas profundezas do Céu, chegando aos seus ouvidos por processo misterioso:

— Meu filho — exclamava a voz espiritual, na sua grandeza terrível e melancólica —, como pudeste perseverar no mesmo caminho dos teus orgulhosos antecessores?... Frente a essa estátua soberba, talhada no bronze de Júpiter Capitolino, toda a Igreja Romana supõe homenagear a minha memória, quando nada mais fui que simples pescador, seduzido pela grandeza celeste das sublimes lições do Senhor, no cenáculo de luz do Tiberíades!... Convocado pelo Mestre Divino a edificar a minha fé, em favor do seu grande rebanho de ovelhas tresmalhadas do aprisco, não tive a força necessária para seguir-lhe o divino heroísmo no instante supremo, chegando a negá-lo, em minha indigência espiritual!... Ainda assim, não obstante a minha fraqueza, foi a mim que a Igreja escolheu para a homenagem dessas basílicas luxuosas, que, como esta imagem fulgurante, representam a continuidade das velhas crenças errôneas do império da impiedade, eliminadas pela suave luz das verdades consoladoras do Cristianismo!... Somente agora, verificas a ilusão do teu anel do Pescador e da tua tiara de São Pedro!... Eu não conheci outras joias, nem outras riquezas, além daquelas que se constituíam de minhas mãos calejadas no penoso esforço de cada dia!...

"Filho meu, amargurado está ainda o coração do nosso Salvador, em virtude do caminho escabroso adotado pela quase generalidade dos sacerdotes nas Igrejas degeneradas, que militam na oficina terrestre!... Todos os que se sentaram, como tu, nesses tronos de impiedade, prometeram ao Céu a reforma integral dos velhos institutos romanos, em favor da essência do Evangelho no pensamento universal; mas, como tu, os teus predecessores esbarraram, igualmente, no rochedo do orgulho, da vaidade e da impenitência, comprometendo o grande barco da fé em Jesus Cristo, entre as marés bravias das iniquidades humanas!...

"Falaste da paz; mas, realizaste pouco, ante o dragão político que te espreitava na sombra, naufragando nos conceitos novos que vestem as crueldades das guerras de conquista!...

"Reformaste o Vaticano, estabelecendo alianças políticas ou adotando as facilidades do progresso científico que enriquece a civilização desesperada do século XX; mas esqueceste de levar aos teus míseros tutelados as fórmulas reais da verdade e do bem, da paz e da esperança, no amor e na humildade, que perfumam os ensinamentos do Redentor!...

"Grande sacerdote do mundo pelas tuas qualidades de cultura e pela generosidade de tuas intenções, serás agora julgado pelo tribunal que aprecia quantos se arvoram, na Terra, em discípulos do Senhor!... Do mundo das convenções, já recebeste todo o julgamento, com as homenagens políticas dos povos; agora, entrarás na luz do Reino de Deus, para aprenderes de novo a grande lição dos 'muitos chamados e poucos escolhidos!...'." (*Mateus*, 22:14).

Pio XI sentiu que o seu coração se despedaçava, em soluços atrozes.

Olhou em derredor de si e não lobrigou mais ninguém a seu lado. Todos os sorrisos compassivos dos companheiros da morte haviam desaparecido, sob o influxo de uma força misteriosa.

Quis contemplar a cúpula magnífica de seu templo soberbo, mas sentiu-se cercado de pesadas sombras, em cujo seio um frio cortante lhe enregelava o coração.

Foi assim que, penetrando a grande noite do túmulo, o grande sacerdote terrestre perdeu a noção de si mesmo, para despertar, em seguida, em frente ao tribunal da Justiça Divina, onde pontificam os mais íntegros de todos os juízes, dentro das leis misericordiosas do amor, da piedade e da redenção.

(Recebida pelo médium Francisco Cândido Xavier, em 13 de fevereiro de 1939.)

~ 3 ~
O Carnaval no Rio

O Carnaval no Rio de Janeiro, em 1939, foi mais uma nova realização da alegria carioca, entornando nas almas da agigantada Sebastianópolis o vinho dos prazeres fáceis e das vibrações ruidosas, que produz o temporário esquecimento das mais nobres responsabilidades da vida.

Um escritor, encarnado ou desencarnado, que venha falar contra os excessos do período carnavalesco, no Rio, costuma perder o seu tempo e o seu esforço sagrado.

Os três dias de Momo são integralmente destinados ao levantamento das máscaras com que todo sujeito sai à rua nos demais dias do ano, e a maioria dos leitores não deseja sacrificar a paz de seus hábitos mais antigos. Mate-se o vizinho, gritem as estatísticas, protestem os religiosos, chorem os foliões que não puderam sair da intimidade doméstica, o imperativo do momento é buscar o turbilhão da avenida ou descer dos morros pobres e tristes para a Praça Onze, em face do apelo irresistível de Momo e de seus incontáveis seguidores.

Tanto cuidado dedicou-se no Rio ao reinado bufo, que o governo amparou as tendências generalizadas do povo, porque o homem da administração, preocupado com os fenômenos diplomáticos e com as tabelas orçamentárias, não dispõe de tempo para atender ao total das necessidades dos governados, apreciando, pela rama, as suas predileções, cumprindo à sua psicologia política satisfazer às exigências populares, para que as massas o deixem em paz, na soledade do gabinete, dentro da solução dos seus graves problemas administrativos de ordem imediata. Foi desse modo que atraímos grandes correntes turísticas, não mais para a contemplação das belezas topográficas da cidade valorosa de São Sebastião, mas para o conhecimento das paixões desencadeadas do nosso povo em meneios de Terpsícore[18] africana.

Neste ano, intensificaram-se as folganças, com a nota dos marinheiros ianques e suecos, que se entregaram totalmente à folia.

O movimento carioca causou uma vida nova. Não faltou mesmo a nota alegre e pitoresca da criança que nasceu em Niterói, em plena rua, sobre um leito improvisado de serpentinas. Os jornais e as estações radiofônicas não tiveram outro assunto que não fosse o da vitória de Momo no seu reinado extravagante de orgia. Os comerciantes se pronunciaram. A cerveja, o chope e outras bebidas tiveram o consumo aproximado de cinco milhões de garrafas. Movimentação extraordinária e lucros assombrosos. Prosperaram os negócios da Central e da Cantareira.

Houve, porém, outra estatística menos conhecida.

O Delegado de Menores recebeu 412 reclamações sobre crianças desaparecidas. Só no Posto Central da Assistência Municipal, foram atendidas mais de 1.100 pessoas. A par da progressão dos negócios, multiplicaram-se as agressões, proliferou o crime, intensificaram-se as quedas na via pública, os acidentes de toda natureza, os desastres de automóveis, as expressões de

---

[18] N.E.: Foi uma das nove musas da mitologia grega, filha de Oceano e Tétis. Musa da dança, seu atributo é a lira.

alcoolismo, as tentativas de suicídio, as intoxicações, os casos de hospitalização imediata, sem nos referirmos aos dolorosos dramas da sombra, que ficaram na penumbra, receosos da inquirição policial e da crítica dos vizinhos.

O Carnaval passou qual onda furiosa, levando, como sempre, todos os bons sentimentos ainda vacilantes, que aguardavam a âncora da fé pura, a fim de se consolidarem no mar infinito da Vida.

Diante das vibrações carnavalescas do povo carioca, nós nos calamos, porém, como o homem que lastima as irreflexões de um amigo, silenciando, quanto ao seu proceder, em face das qualidades generosas que lhe exornam a personalidade.

Somos dos que creem na eficácia da educação para o extermínio completo desses excessos dolorosos, porquanto todo o problema é de ordem educativa.

A propósito dessa necessidade imediata do nosso povo, apraz-me recordar, nesta página, a lenda da maçã podre, que li, alhures, sem poder determinar, no momento, o objeto preciso de minha lembrança.

Reunidos na praça pública, alguns velhos patrícios romanos falavam dos desvios do Império e da penosa decadência dos seus costumes em família. Alguns, possuidores de esperança, apelavam para a guerra ou para novos decretos de força que compelissem os seus compatriotas ao cumprimento dos mais sagrados deveres da existência. Contudo, um dos componentes do grupo tomou de uma grande maçã podre, exclamando:

— Esta maçã, meus amigos, é o símbolo do atual Império. Nunca mais voltaremos ao seio das nossas antigas tradições!... No dia em que esta fruta voltasse a ser bela, retomando a sua pureza primitiva, também nós teríamos restaurado a alegria de nossa vida, com a volta aos sagrados costumes!...

Os companheiros seguiam-lhe a palavra, com atenção, quando o mais velho e o mais experiente de todos respondeu com austera nobreza:

— Enganais-vos, meu amigo!... Poderemos renovar a nossa vida, como essa fruta poderá vir, mais tarde, a ser nova e bela. Tomemos as sementes desta maçã condenada e deitemo-las, de novo, no seio da terra generosa. Cultivemos os seus rebentos com cuidado e amor e, sob o amparo do tempo, o nosso esforço vê--la-á multiplicada em novas maçãs frescas e formosas!... Façamos assim também com o nosso povo. Busquemos semear na ala das gerações florescentes os princípios sagrados de nossas tradições e dos nossos hábitos e, mais tarde, toda podridão terá passado na esteira do tempo, para caminharmos pelo futuro adentro com a pureza do nosso idealismo!

O Carnaval é a maçã podre do Rio de Janeiro. Na sua intimidade, porém, está a semente generosa dos elevados sentimentos da alma brasileira. Cultivemos essas sementes sagradas no espírito das gerações que surgem. Que se congreguem todos os núcleos do bem e, muito especialmente, os do Espiritismo cristão, para as sublimadas realizações desse grande labor educativo, e a podridão terá passado com o tempo, a fim de que possamos trabalhar, em nosso sagrado idealismo, sob as luzes generosas e augustas do Cruzeiro.

(Recebida pelo médium Francisco Cândido Xavier, em 12 de março de 1939.)

~ 4 ~
História de um médium

As observações interessantes sobre a Doutrina dos Espíritos sucediam-se umas às outras, quando um amigo nosso, velho lidador do Espiritismo, no Rio de Janeiro, acentuou gravemente:

— Em Espiritismo, uma das questões mais sérias é o problema do médium...

— Sob que prisma? — indagou um dos circunstantes.

— Quanto ao da necessidade de sua própria edificação para vencer o meio.

— Para esclarecer a minha observação — continuou o nosso amigo —, contar-lhe-ei a história de um companheiro dedicado, que desencarnou, há poucos anos, sob os efeitos de uma obsessão terrível e dolorosa.

Todo o grupo, lembrando os hábitos antigos, como se ainda estacionássemos num ambiente terrestre, aguçou os ouvidos, colocando-se à escuta:

— Azarias Pacheco — começou o narrador — era um operário despreocupado e humilde do meu bairro, quando as forças do Alto chamaram o seu coração ao sacerdócio mediúnico.

Moço e inteligente, trabalhava na administração dos serviços de uma oficina de consertos, ganhando, honradamente, a remuneração mensal de quatrocentos mil réis.

"Em vista do seu espírito de compreensão geral da vida, o Espiritismo e a mediunidade lhe abriram um novo campo de estudos, a cujas atividades se entregou sob uma fascinação crescente e singular.

"Azarias dedicou-se amorosamente à sua tarefa, e, nas horas de folga, atendia aos seus deveres mediúnicos com irrepreensível dedicação. Elevados mentores do Alto forneciam lições proveitosas, através de suas mãos. Médicos desencarnados atendiam, por ele, a volumoso receituário.

"E não tardou que o seu nome fosse objeto de geral admiração.

"Algumas notas de imprensa evidenciaram ainda mais os seus valores medianímicos e, em pouco tempo, a sua residência humilde povoava-se de caçadores de anotações e de mensagens. Muitos deles diziam-se espíritas confessos, outros eram crentes de meia convicção ou curiosos do campo doutrinário.

"O rapaz, que guardava sob a sua responsabilidade pessoal numerosas obrigações de família, começou a sacrificar primeiramente os seus deveres de ordem sentimental, subtraindo à esposa e aos filhinhos as horas que habitualmente lhes consagrava na intimidade doméstica.

"Quase sempre cercado de companheiros, restavam-lhe apenas as horas dedicadas à conquista de seu pão cotidiano, com vistas aos que o seguiam carinhosamente pelos caminhos da vida.

"Havia muito tempo perdurava semelhante situação, em face de sua preciosa resistência espiritual, no cumprimento de seus deveres.

"Dentro de sua relativa educação medianímica, Azarias encontrava facilidade para identificar a palavra de seu guia sábio e incansável, sempre a lhe advertir quanto à necessidade de oração e de vigilância.

"Acontece, porém, que cada triunfo multiplicava as suas preocupações e os seus trabalhos.

"Os seus admiradores não queriam saber das circunstâncias especiais de sua vida.

"Grande parte exigia as suas vigílias pela noite adentro, em longas narrativas dispensáveis. Outros alegavam os seus direitos às exclusivas atenções do médium. Alguns acusavam-no de preferências injustas, manifestando o gracioso egoísmo de sua amizade, expressando o ciúme que lhes ia na alma, em palavras carinhosas e alegres. Os grupos doutrinários disputavam-no.

"Azarias verificou que a sua existência tomava um rumo diverso, mas os testemunhos de tantos afetos lhe eram sumamente agradáveis ao coração.

"Sua fama corria sempre. Cada dia era portador de novas relações e novos conhecimentos.

"Os centros importantes começaram a reclamar a sua presença e, de vez em quando, surpreendiam-no as oportunidades das viagens pelos caminhos de ferro, em face da generosidade dos amigos, com grandes reuniões de homenagens no ponto de destino.

"A cada instante, um admirador o assaltava:

" — Azarias, onde trabalha você?...

" — Numa oficina de consertos.

" — Oh! oh!... e quanto ganha por mês?

" — Quatrocentos mil réis.

" — Oh! mas isso é um absurdo... Você não é criatura para um salário como esse! Isso é uma miséria!...

"Em seguida outros ajuntavam:

" — O Azarias não pode ficar nessa situação. Precisamos arranjar-lhe coisa melhor no centro da cidade, com uma remuneração à altura de seus méritos, ou, então, poderemos tentar-lhe uma colocação no serviço público, onde encontrará mais possibilidades de tempo para dedicar-se à missão...

"O pobre médium, todavia, dentro de sua capacidade de resistência, respondia:

" — Ora, meus amigos, tudo está bem. Cada qual tem na vida o que mereceu da Providência Divina e, além de tudo, precisamos considerar que o Espiritismo tem de ser propagado, antes do mais, pelos Espíritos e não pelos homens!...

"Azarias, contudo, se era médium, não deixava de ser humano.

"Requisitado pelas exigências dos companheiros, já nem pensava no lar e começava a assinalar na sua ficha de serviços faltas numerosas.

"A princípio, algumas raras dedicações começaram a defendê-lo na oficina, considerando que, aos olhos dos chefes, suas falhas eram sempre mais graves que as dos outros colegas, em virtude do renome que o cercava; mas, um dia, foi ele chamado ao gabinete de seu diretor, que o despediu nestes termos:

" — Azarias, infelizmente não me é possível conservá-lo aqui por mais tempo. Suas faltas no trabalho atingiram o máximo e a administração central resolveu eliminá-lo do quadro de nossos companheiros.

"O interpelado saiu com certo desapontamento, mas lembrou-se das numerosas promessas dos amigos.

"Naquele mesmo dia, buscou providenciar para uma nova colocação, mas, em cada tentativa, encontrava sempre um dos seus admiradores e conhecidos que obtemperava:

" — Ora, Azarias, você precisa ter mais calma!... Lembre-se de que a sua mediunidade é um patrimônio de nossa Doutrina... Sossega, homem de Deus!... Volte a casa e nós todos saberemos ajudá-lo neste transe.

"Na mesma data, ficou assentado que os amigos do médium se cotizariam, entre si, de modo que ele viesse a perceber uma contribuição mensal de seiscentos mil réis, ficando, desse modo, habilitado a viver tão somente para a Doutrina.

"Azarias, sob a inspiração de seus mentores espirituais, vacilava ante a medida, mas à frente de sua imaginação estavam os quadros do desemprego e das imperiosas necessidades da família.

"Embora sua relutância íntima, aceitou o alvitre.

"Desde então, a sua casa foi o ponto de uma romaria interminável e sem precedentes. Dia e noite, seus consulentes estacionavam à porta. O médium buscava atender a todos como lhe era possível. As suas dificuldades, todavia, eram as mais prementes.

"Ao cabo de seis meses, todos os seus amigos haviam esquecido o sistema das cotas mensais.

"Desorientado e desvalido, Azarias recebeu os primeiros dez mil réis que uma senhora lhe ofereceu após o receituário. No seu coração, houve um toque de alarma, mas o seu organismo estava enfraquecido. A esposa e os filhos estavam repletos de necessidades.

"Era tarde para procurar, novamente, a fonte do trabalho. Sua residência era objeto de uma perseguição tenaz e implacável. E ele continuou recebendo.

"Os mais sérios distúrbios psíquicos o assaltaram.

"Penosos desequilíbrios íntimos lhe inquietavam o coração, mas o médium sentia-se obrigado a aceitar as injunções de quantos o procuravam levianamente.

"Espíritos enganadores aproveitaram-se de suas vacilações e encheram-lhe o campo mediúnico de aberrações e descontroles.

"Se as suas ações eram agora remuneradas e se delas dependia o pão dos seus, Azarias se sentia na obrigação de prometer alguma coisa, quando os Espíritos não o fizessem. Procurado para a felicidade no dinheiro, ou êxito dos negócios ou nas atrações do amor do mundo, o médium prometia sempre as melhores realizações, em troca dos míseros mil réis da consulta.

"Entregue a esse gênero de especulações, não mais pôde receber o pensamento dos seus protetores espirituais mais dedicados.

"Experimentando toda sorte de sofrimentos e de humilhações, se chegava a queixar-se, de leve, havia sempre um cliente que lhe observava:
"— Que é isso, 'seu' Azarias?... O senhor não é médium? Um médium não sofre essas coisas!...
Se alegava cansaço, outro objetava, de pronto, ansioso pela satisfação de seus caprichos:
"— E a sua missão, 'seu' Azarias?... Não se esqueça da caridade!...
"E o médium, na sua profunda fadiga espiritual, concentrava-se, em vão, experimentando uma sensação de angustioso abandono, por parte dos seus mentores dos planos elevados.
"Os mesmos amigos da véspera piscavam, então, os olhos, falando, em voz baixa, após as despedidas:
"— Você já notou que o Azarias perdeu de todo a mediunidade?... — dizia um deles.
"— Ora, isso era esperado — redarguia-se —, desde que ele abandonou o trabalho para viver à custa do Espiritismo, não podíamos aguardar outra coisa.
"— Além disso — exclamava outro do grupo —, todos os vizinhos comentam a sua indiferença para com a família, mas, de minha parte, sempre vi no Azarias um grande obsidiado.
"— O pobre do Azarias perverteu-se — falava ainda um companheiro mais exaltado — e um médium nessas condições é um fracasso para a própria Doutrina...
"— É por essa razão que o Espiritismo é tão incompreendido! — sentenciava ainda outro. Devemos tudo isso aos maus médiuns que envergonham os nossos princípios.
"Cada um foi esquecendo o médium, com a sua definição e a sua falta de caridade. A própria família o abandonou à sua sorte, tão logo haviam cessado as remunerações.
"Escarnecido em seus afetos mais caros, Azarias tornou-se um revoltado.

"Essa circunstância foi a última porta para o livre ingresso das entidades perversas que se assenhorearam de sua vida.

"O pobre náufrago da mediunidade perambulou na crônica dos noticiários, rodeado de observações ingratas e de escandalosos apontamentos, até que um leito de hospital lhe concedeu a bênção da morte..."

O narrador estava visivelmente emocionado, rememorando as suas antigas lembranças.

— Então, quer dizer, meu amigo — observou um de nós —, que a perseguição da polícia ou a perseguição do padre não são os maiores inimigos da mediunidade...

— De modo algum — replicou ele, convicto. — O padre e a polícia podem até ser os portadores de grandes bens.

E, fixando em nós outros o seu olhar percuciente e calmo, rematou a sua história, sentenciando gravemente:

— O maior inimigo dos médiuns está dentro de nossos próprios muros!...

(Recebida pelo médium Francisco Cândido Xavier, em 29 de abril de 1939.)

~ 5 ~
No banquete do Evangelho

Dizia Luciano de Samósata que a vida humana deve valer não pela sua extensão, mas pela sua intensidade de sofrimento.

No plano dos homens desencarnados, somos compelidos a renovar esse conceito, na tábua de um novo reajustamento, acrescentando que a existência do homem deve valer pela intensidade da sua edificação espiritual.

Não basta sofrer desesperadamente, como o náufrago revoltado, recolhido na onda de sua própria imprevidência. É necessário conhecer a finalidade da dor, lapidária da evolução e eterna obreira do Espírito.

A morte não é sinônimo de renovações integrais e definitivas. Para o homem que demandou o reino das sombras, ainda existe o véu de Ísis,[19] e, no seu coração, ainda ressoam as céle-

---

[19] N.E.: O traje de Ísis (uma das principais divindades egípcias) só era obtido por meio da iniciação, era multicolorido e usado em muitos cerimoniais. Representa a forma sempre mutante da Natureza, cuja beleza e tragédia ocultam o espírito aos nossos olhos.

bres exortações do Oráculo de Delfos.[20] Encontramo-nos, "neste outro lado da vida", com as mesmas inquietações e com a mesma necessidade de aperfeiçoamento. E, não raro, sentimo-nos envolvidos na rede caprichosa dos cálculos de Édipo,[21] ansiosos por solver os problemas próprios.

Não obstante o milagroso elixir das letras, do qual abusei largamente no mundo, sinto-me hoje tão necessitado de conhecimento, como nos tempos da infância, em Miritiba (MA), quando minha mãe me conduzia à férula do velho professor Agostinho Simões, que me apavorava com os seus gestos selvagens, junto da palmatória.

A escola do mundo tem aqui o seu prolongamento lógico e é inútil que o nosso pensamento se perca nas cogitações da dúvida, agora injustificável pela ausência da indumentária larval.

Examinando o Evangelho, nada mais realizais que um belo esforço em favor de vossa iluminação nas sendas do Infinito. Sois aqueles marinheiros precavidos e seguros que, entre os rochedos perigosos e ocultos da maré brava, sabem enxergar o

---

[20] N.E.: Situado em Delfos, antiga cidade da Grécia, então tida por sagrada e por ser o centro da Terra. Seu templo e seu oráculo tornaram-na célebre, e todos os gregos, além de príncipes estrangeiros, mandavam ricas dádivas e colocavam seus bens sob a proteção de Apolo (deus mitológico, filho de Júpiter), em nome de quem o oráculo fazia suas famosas profecias. Os tesouros ali acumulados acenderam temíveis cobiças e, por ocasião de uma guerra, foram fundamente pilhados.

[21] N.E.: Édipo, cujo destino seria assassinar o pai e casar-se com sua própria mãe (segundo os oráculos), foi, por esse motivo, abandonado num monte, e daí salvo e educado em corte estrangeira. Ignorando sua origem, quando adulto pediu ao oráculo a sua profecia, e este lhe repetiu o que já outro prognosticara. Para fugir a tão horrendo crime, exilou-se, e o destino o guiou exatamente para junto dos pais, onde se cumpriu, sem que ele os conhecesse, a terrível predição. É uma das mais interessantes, acidentadas e emocionais criações da Mitologia. Poetas, músicos e pintores tomaram-na para assunto de notáveis e célebres trabalhos.

leque de luz que os faroleiros desdobram sobre as águas, na sua doce tarefa de sacrifício.

Ides ler uma página acerca das consequências nefastas do orgulho, analisando, simultaneamente, a harmoniosa luz da humildade.

A propósito do assunto, ocorre-me lembrar-vos de que nós, os intelectuais e homens de letras, possuímos aqui, igualmente, os nossos círculos espirituais de estudos evangélicos, em horas previamente determinadas pelos generosos amigos que nos orientam do Alto.

Se é verdade que as reuniões das quintas-feiras, na Academia Brasileira de Letras, eram o último encanto intelectual dos derradeiros dias de minha vida, agora, a minha nova alegria verifica-se às quartas, quando de nossas assembleias deliciosas e amigas no Templo de Ismael. Se no mundo prevaleciam as expressões ruidosas da ornamentação exterior, com os fardões acadêmicos, os pesados livros de Literatura ou de Ciência, junto das mulheres elegantes e gozadoras da vida, o meu júbilo, no momento, é mais íntimo e mais profundo, porquanto, aqui, preponderam as harmonias do bem e as luzes da humildade cristã.

Nessas reuniões, por várias vezes, emergem ainda as recordações da Terra, acordando o fantasma de nossa saudade morta; porém, a Verdade de Jesus está sempre brilhando, com o sagrado objetivo de nos ensinar o caminho, nos arquivos do Tempo.

Ainda no dia 31 de maio último,[22] reuníamo-nos na Casa de Ismael, aguardando o banquete de iguarias espirituais. Discutíamos a moção apresentada pelo Dr. Carlos Fernandes, em nome da Sociedade de Medicina e Cirurgia, ao Ministério da Educação, reforçando a propaganda da "Hora Espírita Radiofônica" e assegurando mais essa vitória espiritual em nosso ambiente cultural. Comentávamos os acontecimentos do Rio e falávamos de suas personalidades mais eminentes, buscando, de

---

[22] N.E.: Dia de sessão do Grupo Ismael, núcleo espiritual da Federação Espírita Brasileira.

vez em quando, uma imagem mais forte no acervo das ciências humanas, para justificar esse ou aquele conceito. Presidia à nossa assembleia a figura austera e simples de Pedro Richard, entidade amorável e amiga, em cujo coração fraterno encontramos as melhores expressões de fraternidade em todos os dias. Richard não é o Espírito que trouxe do mundo a súmula dos tratados e das enciclopédias que correm os ambientes intoxicados do século, com as pretensões mais descabidas. Seu coração não se contaminou com o veneno do intelectualismo pervertido dos tempos que correm, mas a sua sabedoria é a do poder da fé que soube devassar o mistério da vida.

— Richard — disse eu, em dado instante, valendo-me dos recursos de minha passada literatice, no desdobramento de nossa palestra —, você sabe que foi Pisístrato[23] que ordenou a publicação das rapsódias homéricas?

— Ignoro — respondeu ele, humildemente —; em compensação, sei que Jesus ordenou aos seus apóstolos a grafia dos Evangelhos.

— Ah! é verdade... — dizemos nós, dentro de nossas taras psicológicas de jornalista desencarnado — sem os Evangelhos todo o esforço do mundo será justamente o trabalho improfícuo das Danaides.[24]

— Danaides? — exclamou o nosso amigo, na sua faina educativa. — Não preciso ainda desse conceito mitológico, porque, no próprio Evangelho, está escrito que não se coloca remendo novo em pano velho.

E é desse modo que, em cada conceito, surge para nós num ensino novo.

---

[23] N.E.: Tirano de Atenas, que muito embelezou e lhe deveu assinalados serviços.

[24] N.E.: Nome das 50 filhas de Dânaos (rei mitológico do Egito), as quais, menos uma mataram — na própria noite nupcial — os respectivos maridos. Foram por isso condenadas, no Tártaro (fundo do Inferno mitológico), a encher um tonel sem fundo.

Por largo tempo ainda, comentamos a incúria dos nossos companheiros mais caros, condenando a indiferença dos corações desviados da luz e da fé, nos caminhos da ignorância, sem os clarões amigos da Verdade. Em seguida, falamos da caridade e dos seus grandes labores na face da Terra, organizando-se, entre nós, os mais alevantados ideais para a construção de celeiros de atividade material, quando o nosso amigo sentenciou:

— Irmãos, nesta Casa, temos de compreender que toda a caridade, em seus valores mais legítimos, deve nascer do Espírito para o Espírito. As ideias religiosas do mundo não se esqueceram de monumentalizar as suas teorias de abnegação e bondade. Hospitais e orfanatos, abrigos e templos se edificaram por toda parte; entretanto, o homem foi esquecido para o conhecimento e para Deus. A caridade que veste nus e alimenta os famintos está certa, mas não está justa, se desconhece o Evangelho no santuário do seu coração. A obra de Ismael tem de começar no íntimo das criaturas. Aqui, não podem prevalecer os antagonismos do homem, no acervo de suas anomalias. Iniciar pelo fim é caminhar para a inversão de todos os valores da vida. A Casa de Ismael tem de irradiar, antes de tudo, a claridade do amor e da sabedoria espiritual, objetivando o grandioso serviço da edificação das almas. Primeiramente, é necessário educar o operário para os preciosos princípios e finalidades da máquina. Iluminado o homem, estará iluminada a obra humana. A evolução da alma para Deus se fará, então, por si mesma, sem desvios da meta a ser alcançada. Não haverá razão para o sacrifício de seus pregoeiros, porque em cada coração existirá um hostiário celeste.

— Mas, Richard — objetou um de nós, fascinado pela sua erudição divina e pela clareza de sua lógica —, como poderemos fazer sentir a todos os nossos irmãos pela fé e pelo trabalho a sublimidade desses raciocínios?

Todavia, Pedro Richard apontou-nos para a luz que vinha da célula de Ismael, onde nos reuníramos para receber as bênçãos das Alturas.

Bittencourt Sampaio já havia chegado para distribuir os fragmentos do pão milagroso de sua divina sabedoria.

E, em silêncio, como se nos aquietássemos sob uma força misteriosa, sentimos que serenavam, em nosso íntimo, todas as preocupações pueris trazidas do nevoeiro espesso do mundo. De alma genuflexa, esquecidos das querelas e das amarguras terrestres, recolhemos o coração na urna suave da fé, para ouvir, então como discípulos humildes, a lição de humildade, que nos trazia o grande apóstolo da mensagem excelsa e eterna do Cristo.

(Recebida pelo médium Francisco Cândido Xavier, em 6 de junho de 1939.)

~ 6 ~
Marte

Enquanto as empresas de turismo organizam na Terra os grandes cruzeiros intercontinentais, realizando um dos mais belos esforços de socialização do século XX, no mundo dos Espíritos organizam-se caravanas de fraternidade nos planos do intermúndio.

Na região do estômago, o privilégio pertence aos sujeitos felizes, bem-fichados nos círculos bancários, mas nos planos do coração, os livros de cheque são desnecessários.

Novo Gulliver[25] da vida, mergulho a minha observação nos espetáculos assombrosos, experimentando, além das águas do Aqueronte,[26] a mudança integral de todas as perspectivas.

Encarcerado no ponto convencional de sua existência transitória, o homem terrestre é aquela coruja incapaz de enfrentar

---

[25] N.E.: Protagonista de *As viagens de Gulliver*, romance satírico e fantástico de Jonathan Swift (1726).

[26] N.E.: Nome de um dos quatro rios do Inferno, por onde as almas passavam sem esperança de regressar, e de curso tão impetuoso que arrastava, qual se fossem grãos de areia, grandes blocos de rochedos.

a luz da montanha, em pleno dia, suportando apenas a sombra espessa e triste de sua noite. Como Ájax, filho de Oileu,[27] contempla, às vezes, o tridente irado dos deuses, mas, embora a sua desesperação e o seu orgulho, não vai além da ilha, onde a maré alta o atirou nos caprichosos movimentos do oceano da Vida.

A morte não é uma fonte miraculosa de virtude e de sabedoria. É, porém, uma asa luminosa de liberdade para os que pagaram os mais pesados tributos de dor e de esperança, nas esteiras do tempo.

Enquanto os astrônomos europeus e americanos examinam, cuidadosamente, os seus telescópios, para a contemplação da paisagem de Marte, à distância de quase 37 milhões de milhas, preparando as lentes poderosas de seus instrumentos de óptica, fomos felicitados com uma passagem gratuita ao nosso admirável vizinho do Sistema Solar, cujo percurso, nas adjacências do orbe, vem empolgando igualmente os núcleos de seres invisíveis, localizados nas regiões mais próximas da Terra.

A descrição das viagens, desde o princípio deste século, é uma das modalidades mais interessantes da literatura mundial; todavia, o homem que vá do Rio de Janeiro a Tóquio, de avião, sem escalas de qualquer natureza, não poderá descrever o caminho com os seus detalhes mais interessantes. Transmitirá aos seus leitores a emoção da imensidade, mas não conseguirá pintar uma nuvem. Fora de suas máquinas aéreas, poderia fornecer a impressão de uma águia, mas o turista do Espaço, para se fazer entendido pelos companheiros da carne, teria de recorrer às figuras mais atrevidas do mundo mitológico.

---

[27] N.E.: Ajax, filho de Oileu, rei dos lócrios (Grécia), era um príncipe intrépido, mas brutal e cruel. Equipou 40 navios para a guerra de Troia. Tomada esta, ele ultrajou uma profetisa de classe, que se refugiara no templo, motivo por que os deuses fizeram submergir sua esquadra. Salvo do naufrágio, agarrou-se a um rochedo dizendo, com arrogância: "Escapei, apesar da cólera dos deuses!". Irritados com o despejado orgulho, os deuses o aniquilaram, ali mesmo.

É por isso que apelarei aqui para o véu de Ísis ou para o dorso de Pégaso, cuja patada fez brotar a fonte de Hipocrene, no Hélicon das divindades.[28]

Depois de alguns segundos, chegávamos ao termo de nossa viagem vertiginosa.

Dentro da atmosfera marciana, experimentamos uma extraordinária sensação de leveza... Ao longe, divisei cidades fantásticas pela sua beleza inédita, cujos edifícios, de algum modo, me recordavam a Torre Eiffel ou os mais ousados arranha-céus de Nova Iorque. Máquinas possantes, como se fossem movidas por novos elementos do nosso "Helium", balouçavam-se, ao pé das nuvens, apresentando um vasto sentido de estabilidade e de harmonia entre as forças aéreas.

Aos meus olhos, desenhavam-se panoramas que o meu Espírito imaginara apenas para os mundos ideais da Mitologia grega, com os seus paraísos cariciosos.

Aturdido, interpelei o chefe da nossa caravana, que se conservava silencioso:

— Se a Terra julga a influência de Marte como profundamente belicosa, como poderemos conciliar a definição dos astrólogos com os espetáculos reais?

— E porventura — respondeu-me o excelente mentor espiritual — chegaste a conhecer no planeta terrestre um homem

---

[28] N.E.: Isis, uma das principais divindades egípcias. Tendo reinado durante muito tempo, foi, depois de morta, elevada à categoria de deusa (a canonização dos tempos subsequentes), e, em sua honra e culto, celebravam-se ritos, chamados Mistérios de Isis. Na forma comum, é representada (à imagem das santas) sob a figura de uma jovem mulher, sentada, amamentando um dos filhos, Horus, tendo sobre a testa duas pontas ou um globo lunar.

Pégaso, cavalo alado que tem destacados feitos na mitologia grega. Nele iam os poetas em visita ao monte da inspiração. Ainda hoje, em tropo literário, se diz que, em busca de inspiração, os poetas cavalgam o Pégaso. Nesse monte, chamado Hélicon, Pégaso, com uma patada, fez surgir a fonte da água inspiradora, denominada Hipocrene, isto é, fonte do cavalo.

ou uma ideia retirando a humanidade de sua rotina, sem sofrimento e sem guerra? Para o nosso mundo, Marte é um irmão mais velho e mais experimentado na vida. Sua atuação no campo magnético de nossas energias cósmicas verifica-se de modo que os homens terrenos possam despir os seus envoltórios de separatividade e de egoísmo.

Entretanto, nesse instante, havíamos chegado a um belo cômoro atapetado de verdura florida.

Ante os meus olhos atônitos, rasgavam-se avenidas extensas e amplas, onde as construções eram fundamente análogas às da Terra.

Tive então ensejo de contemplar os habitantes do nosso vizinho, cuja organização física difere um tanto do arcabouço típico com que realizamos as nossas experiências terrestres. Notei, igualmente, que os homens de Marte não apresentam as expressões psicológicas de inquietação em que se mergulham os nossos irmãos das grandes metrópoles terrenas. Uma aura de profunda tranquilidade os envolve.

É que, esclareceu o mentor que nos acompanhava, os marcianos já solucionaram os problemas do solo e já passaram pelas experimentações da vida animal, em suas fases mais grosseiras. Não conhecem os fenômenos da guerra e qualquer flagelo social seria, entre eles, um acontecimento inacreditável. Evoluíram sem as expiações coletivas, amarguradas e terríveis, com que são atormentados os povos insubmissos da Terra. As pátrias, aí, não recebem o tributo do sangue ou da morte de seus filhos, mas são departamentos econômicos e órgãos educativos, administrados por instituições justas e sábias.

Era tempo, contudo, de observarmos a cidade com as suas disposições interessantes.

O leitor não poderá dispensar o nome dessa cidade prodigiosa, e à falta de termos comparativos, chamemos-lhe Marciópolis.

Orientados pelo amigo que nos dirigia a singular excursão, atingimos extensa praça, onde se erguia um templo maravilhoso pela sua imponência, tocada de majestosa simplicidade, e onde, ao que fomos informados, se haviam reunido todos os credos religiosos.

Novas mensagens

De uma de suas eminências, vimos o nosso Sol, bastante diferenciado, entornando na paisagem as tintas do crepúsculo.

A vegetação de Marte, educada em parques gigantescos, sofria grandes modificações, em comparação com a da Terra. É de um colorido mais interessante e mais belo, apresentando uma expressão avermelhada em suas características gerais.

Na atmosfera, ao longe, vagavam nuvens imensas, levemente azuladas, que nos reclamaram a atenção, explicando-nos o mentor da caravana fraterna que se tratava de espessas aglomerações de vapor de água, criadas por máquinas poderosas da ciência marciana, a fim de que sejam supridas as deficiências do líquido nas regiões mais pobres e mais afastadas do largo sistema de canais, que ali coloca os grandes oceanos polares em contínua comunicação, uns com os outros.

Tais providências, explica o Espírito Superior e Benevolente, destinam-se a proteger a vida dos reinos mais fracos da natureza planetária, porque, em Marte, o problema da alimentação essencial, através das forças atmosféricas, já foi resolvido, sendo dispensável aos seus habitantes felizes a ingestão das vísceras cadavéricas dos seus irmãos inferiores, como acontece na Terra, superlotada de frigoríficos e de matadouros.

Todavia, ao apagar das luzes diuturnas, o grande templo de Marciópolis enchia-se de povo. Observei que a nossa presença espiritual não era percebida, mas podíamos examinar a multidão, à vontade, em seus mínimos movimentos.

Todos os grandes centros deste planeta, esclareceu o nosso amigo e mentor espiritual, sentem-se incomodados pelas influências nocivas da Terra, o único orbe de aura infeliz, nas suas vizinhanças mais próximas, e, desde muitos anos, enviam mensagens ao globo terráqueo, através intermédio das ondas luminosas, as quais se confundem com os raios cósmicos, cuja presença, no mundo, é registrada pela generalidade dos aparelhos radiofônicos.

Ainda há pouco tempo, o Instituto de Tecnologia da Califórnia inaugurou um vasto período de experimentações, para averiguar a procedência dessas mensagens, misteriosas para o homem da Terra, anotadas com mais violência pelos balões estratosféricos, conforme as demonstrações obtidas pelo Dr. Robert Millikan, nas suas experiências científicas.

A palestra esclarecedora seguia o seu curso interessante, mas os movimentos na praça acentuavam-se sobremaneira.

No horizonte, surgia uma grande estrela de luz avermelhada, enquanto os dois satélites marciáticos resplandeciam.

Todos os olhares fitavam o céu ansiosamente.

Aquela estrela era a Terra.

Uma comissão de cientistas iniciou, da tribuna maior do santuário, uma vasta série de estudos sobre o nosso mundo distante. Aparelhos luminosos foram afixados na praça pública, ao passo que presenciávamos a exibição de mapas quase irrepreensíveis dos nossos continentes e dos nossos mares. Teorias notáveis com respeito à situação espiritual do planeta terrestre foram expendidas, entendendo perfeitamente as ideias dos estudiosos que as expunham, por meio da linguagem universal do pensamento.

A Terra enviava-nos a sua claridade, em reflexos trêmulos e tristes, observando, então, que os marcianos haviam povoado o seu templo de telescópios poderosos.

Enquanto os melhores aparelhos da América possuem um diâmetro de duzentas polegadas, com a possibilidade de aumentar a imagem de Marte doze mil vezes, a astronomia marciana pode contemplar e estudar a Terra, aumentando-lhe a imagem mais de cem mil vezes, chegando ao extremo de examinar as vibrações de ordem psíquica, na sua atmosfera.

A nossa grande surpresa não parou aí, entre os mais avançados aspectos de evolução e de cultura.

Enquanto a luz avermelhada da Terra tocava a nossa visão espiritual, víamos que todas as multidões do templo se haviam aquictado, de leve... A Ciência unida à fé apresentava um dos espetáculos mais belos para o nosso espírito.

Vimos, então, que ao influxo poderoso daquelas mentes irmanadas no mesmo nível evolutivo, pela sabedoria e pelo sentimento, formara-se sobre o santuário uma estrada luminosa, em cujos reflexos descera do Alto um mensageiro celeste.

Recebido com as intensas vibrações de um júbilo divino e silencioso, a figura, quase angélica, começou a falar, depois de uma prece comovedora:

— Irmãos, ainda é inútil toda tentativa de comunicação com a Terra rebelde e incompreensível! Debalde os astrônomos terrenos vos procuram ansiosos nos abismos do Infinito!... Seus telescópios estão frios, suas máquinas, geladas. Faltam-lhes os ardores divinos da intuição sublime e pura, com as vibrações da fé que os levariam da ciência transitória à sabedoria imortal. Fatigados na impenitência que lhes caracteriza as atividades inquietas e angustiosas, os homens terrestres precisam de iluminação pelo amor, a fim de que se afastem do círculo vicioso da destruição, na tecnocracia da guerra. Lá, os irmãos se devoram uns aos outros, com indiferença monstruosa! Os povos não se afirmam pelo trabalho ou pela cultura, mas pelas mais poderosas máquinas de morticínio e de arrasamento. Todos os progressos científicos são patrimônio do egoísmo utilitário ou elementos sinistros da ruína e da morte!... Enquanto as árvores de Deus frondejam no caminho da Vida e do Tempo, cheias de frutos cariciosos, as criaturas terrenas consideram-se famintas de violência e de sangue. A ciência de seres como esses não poderia entender as vibrações mais elevadas do Espírito! Os vícios de uma falsa cultura casam-se aos vícios das religiões convencionalistas, que estacionam em exterioridades nocivas ou se detêm nos fenômenos, sem cogitar das causas profundas, esquecendo-se o homem do templo divino do seu coração, onde as bênçãos de Deus desejam florir e semear a vida eterna!... Tão singulares desequilíbrios provocaram na personalidade terrestre um sentido bestial que lhe corrompe os mais preciosos centros de força e, somente agora, cogitam as instituições divinas da transição necessária, a fim de que a vida na Terra se efetive, com o sentido da verdadeira humanidade, ali conhecido tão somente na exposição teórica de alguns Espíritos isolados!... Irmãos, contemplemos a Terra e peçamos ao Senhor do Universo para que as modificações, precisas ao seu aperfeiçoamento, sejam menos dolorosas ao coração de suas coletividades! Oremos pelos nossos companheiros, iludidos nas expressões animais de uma vida inferior, de modo que a luz se faça em seus corações e em suas consciências, possibilitando as vibrações recíprocas de simpatia e comunicação, entre os dois mundos!...

A multidão ouvia-lhe a palavra, atenta e comovida, e nós lhe escutávamos a exortação profunda, como se fôramos convocados, de longe, pela harmonia mágica da lira de Orfeu,[29] quando o nosso mentor espiritual nos acordava do êxtase, a nos bater levemente nos ombros, chamando-nos ao regresso.

Em todos os lugares, há os que mandam e vivem os que obedecem. Na categoria dos últimos, voltamos às esferas espirituais da Terra, como o homem ignorante que fizesse um voo, sem escalas, através do mundo, confundido e deslumbrado, embora não lhe seja possível definir o mais leve traço de seu espantoso caminho.

(Recebida pelo médium Francisco Cândido Xavier, em 25 de julho de 1939.)

---

[29] N.E.: Orfeu, o músico mágico da mitologia. Seus acordes encantavam e atraíam as próprias feras. Tendo sua esposa Eurídice sido picada e morta por uma serpente no dia nupcial, ele foi ao Inferno, onde obteve pela sedução da sua lira, que divindades dali lhe ressuscitassem a consorte, com a condição, porém, de não olhar para trás antes de deixar os limites do Inferno, cláusula que Orfeu infringiu. Essa lenda serviu de enredo à conhecida ópera de Gluck, Orfeu.

~ 7 ~
A Agripino Grieco[30]

Depois da grande batalha de Tsushima,[31] um dos grandes generais japoneses concitava os mortos a se levantarem, de modo a sustentar as energias exauridas dos camaradas agonizantes. E eu compareço aqui, como uma sombra, para dizer ao formoso coração de Agripino Grieco que me encontro de pé. É verdade que, depois de longa ausência, não nos encontramos nas nossas tertúlias literárias do Rio de Janeiro. Nem nos achamos num local tão famoso como a Acrópole,[32] onde a deusa de Atenas distribuía as suas bênçãos entre os sábios. Mas há em nossas almas essa doce

---

[30] N.E.: Crítico literário brasileiro (1888–1973).

[31] N.E.: *Tsushima* é um arquipélago japonês, na entrada meridional do mar do Japão, entre a Coreia e o Japão. Foi nessas águas que, em 1905, o almirante Togo infligiu irremediável derrota à esquadra da Rússia, que estava em guerra com os nipônicos. Foi o resultado dessa batalha naval que decidiu o término da luta.

[32] N.E.: Acrópole, cidade da antiga Atenas, na Grécia, situada sobre um rochedo de 45 metros de altura aproximadamente. Aí havia templos, monumentos, notadamente o Partenon, a Pinacoteca etc.

alegria de velhos irmãos que se reconhecem pelas afinidades santificantes do Espírito.

É certo que os seus olhos mortais não me veem. Todavia eu recorro ainda aos símbolos mitológicos para justificar a minha presença nesta casa de simplicidade e de amor cristão. Suponhamos que me encontro por detrás do véu de Ísis, como as forças que se ocultam aos olhos dos homens, no famoso santuário de Delfos.[33]

Agora, meu amigo, as fronteiras do sepulcro nos separam. Para falar-te, sou compelido a me utilizar da faculdade de outros, como se empregasse uma nova modalidade de aparelho radiofônico. Teus olhos deslumbrados me procuram, ansiosamente, porém, nem mesmo a letra me pode identificar para o teu Espírito habituado às supremas investigações de nossas forças literárias do ambiente contemporâneo. Mas nós nos entendemos no âmago do coração, compreendendo mutuamente, através das mais puras afinidades espirituais. A sombra do sepulcro não podia obscurecer a minha admiração, que se manifesta, agora, com uma intensidade ainda maior, sabendo que despiste a toga de Nicodemos,[34] para devassar a verdade no beiral do meu túmulo.

---

[33] N.E.: Delfos, antiga cidade da Grécia, então tida por sagrada e por ser o centro da Terra. Seu templo e seu oráculo tornaram-na célebre e todos os gregos, além de príncipes estrangeiros, mandavam ricas dádivas e colocavam seus bens sob a proteção de Apolo (deus mitológico, filho de Júpiter), em nome de quem o oráculo fazia suas famosas profecias. Os tesouros ali acumulados acenderam temíveis cobiças e, por ocasião de uma guerra foram fundamente pilhados.

[34] N.E.: Fariseu, membro do tribunal supremo que decidia em última instância, no tempo de Jesus Cristo. Tocado pelas doutrinas do meigo Nazareno, Nicodemos, para dirimir as dúvidas do seu espírito, procurou Jesus, mas à noite, meio às escondidas, temeroso do juízo dos seus pares. Mais tarde, quando os principais sacerdotes pretenderam decidir sumariamente sobre a prisão de Jesus, Nicodemos tomou a defesa, perguntando-lhes: "Porventura julga a nossa lei a alguém, sem primeiro ouvi-lo e saber o que Ele fez?" (*João*, 7:51). E ainda depois da crucificação, Nicodemos, juntamente com José de Arimateia, levou

Compreendo a elevação do teu gesto e louvo as tuas atitudes desassombradas. Um mundo de novas observações aflora-me ao pensamento para entregá-las ao teu coração nesta noite, de sagrada memória para a minha vida de homem desencarnado, porém, dificuldades inúmeras impedem a realização de meus modestos desejos.

Não desejo reviver o acervo de minhas velhas recordações, cheias de lágrimas muito amargas; todavia, se não represento mais a figura de Tirésias,[35] dando palpites ao mundo, do seio de sombras da sua noite, desejaria trazer-te o complexo de minhas emoções novas e de meus novos conhecimentos.

Não te posso, todavia, fornecer os elementos mais essenciais de meu novo mundo impressivo, porquanto a Terra tem as suas cores definidas, nos diversos setores de suas atividades, e as imagens literárias não poderiam corresponder às minhas necessidades novas.

Também, a mudança integral das perspectivas não me faria redizer o passado, com os seus enganos, com referência aos centros envenenados de nossa cultura. O Plano Espiritual está cheio de incógnitas poderosas. Aqui nós vivemos uma expressão mais forte do problema do ser e do destino. Não aportamos do outro lado do Aqueronte tão somente para devassar o mistério das sombras. Chegamos no Além-Túmulo com um dever mais profundo e mais essencial — o de conhecermos a nós mesmos, segundo o grande apelo de Alexis Carrel numa de suas últimas experiências científicas.[36] Surpresas numerosas assaltam a nossa imaginação, mas os aspectos exteriores da vida não se modificam de modo absoluto. A incógnita de nossa própria alma para o desencarnado é, talvez, mais

---

    cem libras de mirra e aloés para embalsamar o corpo do Cristo (*João*, 19:38 a 40).

[35] N.E.: Adivinho de Tebas, Egito, célebre pelas profecias que fez no seu tempo. Deixou livros sobre adivinhações e augúrios, e uma filha, Manto, também profetisa.

[36] *O homem, esse desconhecido* (livro já traduzido em português).

complexa e mais profunda. Aí no mundo, costumamos entronizar a razão como se tão somente por ela subsistissem todas as leis de progresso. Entretanto, sem a luz da fé, a nossa razão é sempre falível. Reconhecemos a propriedade desse asserto quando observamos a caminhada sinistra dos povos para a ruína e para a destruição.

Se os valores raciais trouxessem consigo a prioridade da evolução, não teríamos tantas teorias de paz e de concórdia espezinhadas pela incultura e pela violência, pelos princípios dos mais fortes, como se os homens desta geração houvessem sorvido no berço um vinho diabólico e sinistro.

A razão do homem, em si mesma, fez o direito convencional, mas fez igualmente o canhão e o prostíbulo. E, sem a fé, sem a compreensão de sua própria alma, estranho às suas realidades profundas, o homem caminha às tontas, endeusando todas as energias destruidoras da alegria e da vida.

Um espetáculo imponente apresenta a sociedade moderna, com a sua época de miséria e de deslumbramento. O homem da atualidade é um hífen desesperado entre duas eras extraordinárias. De cá, assistimos a esse esboroar do mundo velho, para que o novo organismo do orbe surja na plenitude das suas forças restauradoras. E eu não poderia te falar de um livro de Sainte-Beuve[37] ou de apontamentos da história nesse ou naquele setor. Falar-te-ia muito; todavia, a nossa palavra singela de humilde jornalista desencarnado teria de rodopiar em torno de problemas demasiadamente complexos, para um ligeiro encontro de amigos dentro da noite.

Eu sei que não poderás aceitar as teses espiritistas de um jato, como se o teu coração fosse tocado de um banho milagroso. Lutarás contigo mesmo e submeterás tudo o que os teus olhos veem, ao cadinho de tuas análises rigorosas, mas sentir-me-ei resignado e feliz se puder alimentar a dúvida no íntimo de teu coração. A dúvida, como já o disse alguém no mundo, é o túmulo da certeza.

---

[37] N.E.: Charles Augustin (1804–1869), escritor e crítico literário francês.

A hora vai adiantada e, se não tenho mais o relógio do estômago que me fazia enfrentar nas avenidas a poeira impiedosa dos automóveis felizes, tenho de subordinar as minhas atividades a certas injunções de ordem espiritual, a que não posso fugir.

Não rubriques o papel de que não tenho necessidade para te falar mais demoradamente ao coração.

Guarda o meu pensamento que, se vem do mundo das sombras, parte também do mundo da minha estima fraternal e de minha admiração.

Que o teu barco seja conduzido a melhores portos no domínio da cultura espiritual, de modo a valorizares, ainda mais, os teus valores intelectivos, são os votos de um irmão das letras, que, apesar de "morto" para o mundo, faz questão de viver com a lembrança de teu pensamento e de tua afeição. – HUMBERTO DE CAMPOS.

(Recebida pelo médium Francisco Cândido Xavier, em 30 de julho de 1939, na sede da União Espírita Mineira, em Belo Horizonte – MG.)

*

Eis as primeiras impressões dadas à reportagem, que imediatamente pediu a opinião de Agripino Grieco:

Ao *Diário da Tarde*, de 31 de julho:

— O "médium" Francisco Xavier escreveu isto ao meu lado, celeremente, em papel rubricado por mim. A atenção que lhe dei e a leitura que fiz em voz alta dos trabalhos por ele apresentados, com as assinaturas de Augusto dos Anjos e Humberto de Campos, não importam em nenhuma espécie de adesão ao credo espírita, como fiz questão de esclarecer naquele momento. Sempre fui movido por sentimentos de catolicidade, graças à educação recebida na infância, mesmo sem ir a extremos de clericalismo radical. O meu livro

São Francisco de Assis e a poesia cristã aí está a testemunhar quanto me merecem os grandes autores da Igreja. Mas o certo é que, como crítico literário, não pude deixar de impressionar-me com o que realmente existe do pensamento e da forma daqueles dois autores patrícios, nos versos de um, e na prosa de outro. Se é mistificação, parece-me muito bem conduzida. Tendo lido as paródias de Albert Sorel, Paul Reboux e Charles Muller, julgo ser difícil (isso o digo com a maior lealdade) levar tão longe a técnica do pastiche. De qualquer modo, o assunto exige estudos mais detalhados, a que não me posso dar agora, nesta visita um tanto apressada à formosa terra de Minas.

Ao *Diário Mercantil*, de 5 de agosto:

— O assunto é complexo, requer uma série grande de coeficientes de ordem religiosa, intelectual, literária, etc., sob a ação dos quais deve ser analisado; mas assim mesmo, nunca deixa de ser interessante.

Tive, já, ocasião de externar a minha maneira de encará-lo ao me entrevistar com um representante dos *Diários Associados*, na capital do Estado (MG), quando disse textualmente o que o *Diário Mercantil*, em serviço telefônico, divulgou em edição do dia 2 do corrente.

Assim, nada tenho mais a acrescentar senão repetir algumas palavras sobre a profunda emoção que me assaltou ao ler as referências da mensagem de Chico Xavier feitas a mim e atribuídas a Humberto de Campos.

Íntimos, num contato cordial e literário constante, ambos críticos, ambos homens de letras, era natural que entre mim e

Humberto existisse uma amizade intensa e mútua. Agora, anos após sua morte, eis que me é dado encontrar-lhe novamente as ideias e o estilo, e da maneira extraordinária por que o foi.

Com isso, não afirmo coisa alguma. Apenas transmito minha primeira impressão, que continua a mesma. Não discuto o modo por que foi obtido o original subscrito por Humberto. Imitação? Pastiche? Mistificação? Não nos reportemos apenas a isso. O que não me deixou dúvidas, sob o ponto de vista literário, foi a constatação fácil da linguagem inconfundível de Humberto na página que li. Como crítico, se, sem que eu conhecesse sua procedência, ma houvessem apresentado, tê-la-ia atribuído ao autor de *Sombras que sofrem*, *Crônicas*, *Memórias* e outras inúmeras preciosidades das nossas letras contemporâneas.

*

Posteriormente, já de regresso ao Rio de Janeiro, Agripino Grieco deu ao *Diário da Noite*, em 21 de setembro, a seguinte entrevista:

— Pouco tenho a acrescentar ao que os *Diários Associados* divulgaram, aliás numa reportagem brilhante e variada, sobre o meu encontro póstumo com a literatura de Humberto de Campos.

"Estava eu em Belo Horizonte e, por mero acidente, acabei indo assistir a uma sessão espírita. Ali, falaram em levar-me à estação de Pedro Leopoldo para ver trabalhar o médium Chico Xavier. Mas já havendo tantas complicações no plano terrestre, quis furtar-me a outras tantas do plano astral, e lá não fui. Resultado: Chico Xavier resolveu vir a Belo Horizonte."

O crítico inspeciona o "médium"
E prossegue:

> — Na noite marcada para o nosso encontro, fui, em vez de ir ao sítio aprazado, jantar tranquilamente num restaurante onde não costumava fazer refeições e onde não sei como conseguiram descobrir-me. Mas o caso é que me descobriram junto a um frango com ervilhas e me conduziram à agremiação onde havia profitentes e curiosos reunidos em minha intenção.
>
> "Salão repleto; uma das grandes noites do kardecismo local... Aboletei-me à mesa da diretoria, junto ao Chico, que não me deu, assim inspecionado sumariamente, a impressão de nenhuma inteligência fora do comum. Um mestiço magro, meão de altura, com os cabelos bastante crespos e uma ligeira mancha esbranquiçada num dos olhos."

Escreveu com uma celeridade espantosa!
A seguir, o Sr. Grieco descreve, sem esconder a grande impressão que o domina ainda, o fenômeno que presenciou:

> — Nisto, o orientador dos trabalhos pediu-me que rubricasse vinte folhas de papel, destinadas à escrita do médium; tratava-se de afastar qualquer suspeita de substituição de texto. Rubriquei-as e Chico Xavier, com uma celeridade vertiginosa, deixando correr o lápis com uma agilidade que não teria o mais desenvolto dos rasistas de cartório, foi enchendo tudo aquilo. À proporção que uma folha se completava, sempre em grafia bem legível, ia eu verificando o que ali fixara o lápis do Chico.
>
> Primeiro, um soneto atribuído a Augusto dos Anjos. A seguir, percebi que estavam em jogo, bem patentes, a

linguagem e o meneio de ideias peculiares a Humberto de Campos. Dirão tratar-se de um à *la manière de*, como os de Paul Reboux e Charles Muller.

Fiquei aturdido!
Por fim, apreciando o texto das comunicações, diz, concluindo:

— Será uma interpretação digna de respeito. Quanto a mim, não podendo aceitar sem maior exame a certeza de um "pastiche", de uma paródia, tive, como crítico literário que há trinta anos estuda a mecânica dos estilos, a sensação instantânea de percorrer um manuscrito inédito retirado do espólio do memorialista glorioso.

"Eram em tudo os processos de Humberto de Campos, a sua amenidade, a sua vontade de parecer austero, o seu tom entre ligeiro e conselheiral. Alusões à Grécia e ao Egito, à Acrópole, a Tirésias, ao véu de Ísis muito ao agrado do autor dos *Carvalhos e roseiras*. Uma referência a Sainte-Beuve, crítico predileto de nós ambos, mestre de gosto e clareza que Humberto não se cansava de exaltar em suas palestras, que não me canso de exaltar em minhas palestras. Conjunto bem articulado. Uma crônica, em suma, que, dada a ler a qualquer leitor de mediana instrução, logo lhe arrancaria este comentário: 'É Humberto puro!'.

"Fiquei naturalmente aturdido… Depois disso, muitos dias decorreram e não sei como elucidar o caso. Fenômeno nervoso? Intervenção extra-humana? Faltam-me estudos especializados para concluir. Além do mais, recebi educação católica e sou um entusiasta dos gênios e heróis que tanto prestígio asseguram à religião que produziu um Santo Antônio de Pádua e um Bossuet. Meu livro *São Francisco de Assis e a poesia cristã* aí se encontra, a testemunhar quanto venero a ética e a estética da Igreja. Mas — repito-o com a maior lealdade — a mensagem subscrita por Humberto de Campos profundamente me impressionou..."

~ 8 ~
Carta de Gastão Penalva

Para que melhor se possa compreender a mensagem seguinte, transcrevemos, pedindo vênia, a brilhante página literária publicada em 4 de outubro de 1939, no prestigioso diário *Jornal do Brasil*, pelo festejado escritor que se pseudonimizou — Gastão Penalva:

"*A Humberto de Campos, onde estiver.*
Meu irmão.
Passei todo o domingo a reler tua obra de afeto e de melancolia, enquanto o rádio, posto a falar baixinho, anunciava os últimos telegramas da guerra.

Então, verifiquei como tua alma sofreria se ainda estivesse cá por baixo, no nosso convívio amigo, e a tua imensa sensibilidade se havia de ferir nos afiados gumes das surpresas diárias, quando, às primeiras horas da manhã, já se depara o grande mundo sofredor às voltas com os seus novos sofrimentos.

Sou, como tu, um torturado espírito que teve a infelicidade de nascer no tempo cruel dos desentendimentos e das ambições fratricidas. Vi, com olhos infantes, uma mudança de regime, ao passo que na minha casa os mais idosos comentavam com lágrimas a desaparição do culto magnânimo em que poderiam ter esperado morrer. Ouvi, de ouvidos que se fizeram para os enlevos balsâmicos da poesia e da música, o estrondo ameaçador das granadas de 93,[38] naquela jornada de ódios e rivalidades que, tanto tempo, separou duas classes. Então, fugimos da cidade para as caladas bucólicas do Andaraí. Corremos para a nossa chácara, onde, menino, tracei e executei todo um programa de estrepolias terríveis, as falcatruas dos meus oito anos, acolitadas pelo moleque inseparável, o 'demônio familiar' do avisado Macedo. De lá, entre as mangueiras acolhedoras do arredado bairro, na pista dos coleiros que vinham buscar o alimento nas armadilhas mascaradas, em troca da própria vida, de lá, ainda escutava o ribombo longínquo que denunciava a entrada à barra do famoso "Aquidabã",[39] o qual, alguns anos depois, na vida de Marinha, seria o meu primeiro embarque. Na passagem do século, quando esboçavas aquela página tristíssima das tuas desoladas memórias, criança ainda, no fundo de um armazém provinciano, a marcar fardos de toucinho, eu entrei para o Colégio Militar, animado, feliz, sob os carinhos de todos, e tu, lá longe, no teu Maranhão ilustre, já na luta da vida em que mais tarde te farias um pobre herói vencido.

Em seguida, outras tragédias. Outras revoluções. O ano de 1904 traz, quase ao fechar as portas, o tumulto político que se valeu na imposição da vacina obrigatória. Eu, aspirante de Marinha, fazia, nos alcantis de São Bento, uma zelosa guarda de frades que me valeu uma semana de tratamento fidalgo. Vi com

---

[38] N.E.: Alusão à Revolta das Armadas (1893–1894), conflito armado transcorrido em duas fases, fomentado pela Marinha brasileira em represália, inicialmente, ao governo do Marechal Deodoro da Fonseca e à atuação de seu vice, Marechal Floriano Peixoto.

[39] N.E.: Um dos navios mais importantes da Marinha do Brasil, muito utilizado na Revolta da Armada, foi destruído em 1906.

mágoa o final da mazorca, ao largar para sempre a penedia conventual que fora, em eras da Colônia, o primeiro abrigo da minha escola e da minha classe. Em 1910, no mesmo mês fatídico que os fados escolhiam para mandar revoltas ao Brasil, a Armada se rebela, põe manchas negras no sol da profissão nobilíssima, que decai, se acabrunha, definha, até que auras galernas vêm de novo apojar as gáveas do retorno.

O ano de 1914 traz para o mundo a guerra máxima,[40] cujos ecos de dor e maldição só desaparecem ao despontar no proscênio de um panorama mais desolador de rancores desabridos e assaltos clamorosos ao direito dos povos.

Folheio então páginas hediondas. Constato cenas que escaparam às outras guerras da história. Surpreendo horrores que jamais vieram à mente dos Átilas[41] antigos, com venenos nos olhos e maldições nas patas dos cavalos.

Já ouviste falar, meu Humberto, ao tempo em que vivias mortalmente, em guerras sem declaração, invasões sem anúncio, conquistas sem ideal? Nunca. Tiveste notícia de mães desventuradas a cobrir com o próprio corpo os corpinhos dos filhos, enquanto ruge acima o pássaro da desgraça? Nunca. Sabias que se formavam legiões de homens e mulheres, os falhados, os párias, os descrentes da vida, sob o rótulo de suicidas de guerra, eleitos para as missões que encerram fatalmente a morte? Já viste coisa mais apavorante, Humberto? Figura, por um momento, esse desfile incrível de sonâmbulos humanos, com o coração já sem rumo, e o olhar perdido da salvação de Além-Túmulo... Credo! Quanta miséria escapou ao Dante[42] para incluir nos seus ciclos eternos![43]

---

[40] N.E.: Primeira Guerra Mundial (1914–1918).
[41] N.E.: Átila, o Huno (406–453), também conhecido como *Praga de Deus* ou *Flagelo de Deus*, foi o último e mais poderoso rei dos hunos.
[42] N.E.: Dante Alighieri (1265-1321), o mais notável poeta italiano.
[43] N.E.: Alusão a *A divina comédia*, obra de Dante Alighieri, um poema de viés épico e teológico da literatura italiana e mundial.

Pois é o que ainda vemos cá na Terra. O que a minha geração, que foi tua, ainda assiste com a alma aflita, imersa em negro pó.

Neste ponto, continuo a rever na tua obra os conceitos e as imagens em que profligas o próprio homem na sua rota maldita que vai dar num caminho de trevas. Há um capítulo magistral que intitulas "O rei da criação". Um gênio, farto do Espaço, decide habitar a Terra. Baixa à extensa planície e logo avista um camponês a puxar um burro pelo cabresto. Trava-se aquela conversação que pontilhas de filosofia e amargura.

O *gênio*: — Qual foi, de vós, neste planeta, que inventou a guerra?

O *burro* (indicando o homem com o focinho): — Foi ele, senhor.

E após uma lição superior em que realçam as virtudes do animal:

O *gênio*: — Qual, por ter vida honrada e pura, é o Rei da Criação, e se considera, na Terra, a imagem de Deus? (Para o burro). És tu, não é verdade?

O *burro*: — Não; é ele, senhor.

Há uma lenda árabe em que Deus, arquitetando milagres, encontra o diabo arquitetando maldades, e lhe pergunta abismado:

— Anjo mau, que fizeste das minas de ouro que acabei de colocar aqui, bem batidas da luz do sol?

— Escondi-as nas entranhas da terra, Senhor. Se o homem as descobrisse, com certeza as transformaria em armas.

Aí está, meu amigo, o que eu te queria contar. Agora, vou continuar a reler os breviários de amor e desventura que deixaste entre nós.

Desculpa perturbar-te o sono. E até logo."

GASTÃO PENALVA

~ 9 ~
Carta a Gastão Penalva

"Gastão Penalva, o brilhante ourives do pensamento no imenso filão de ouro inculto das nossas letras, acenou-me da sua tenda de trabalho, enviando-me, pelas colunas de *Jornal do Brasil*, de 4 deste mês, uma carta carinhosa e comovedora, em cujas linhas tristes deixa transparecer o seu desalento, em face dos espetáculos dolorosos de ruína e de sangue, que ressurgem no mundo.

'A Humberto de Campos, onde estiver.'

A epígrafe e o endereço de sua missiva afetuosa tocaram-me as fibras mais sensíveis do coração, por demonstrarem a sua certeza na minha sobrevivência.

*

Sim, meu irmão, eu recebi a tua palavra dolorida e cariciosa, evocando os dias escuros da Terra, sentindo nos olhos redivivos o rocio das lágrimas benfeitoras.

A tua lembrança é uma ave de melancolia, trazendo-me ao coração a suave mensagem de um afeto que não se confundiu nas esperanças mortas.

De todos os apelos por mim recebidos do mundo, após a travessia das águas enigmáticas do rio da morte, o teu foi talvez o mais profundo e o mais agradável à minh'alma. Não me procuraste, obedecendo ao convencionalismo social, junto à lápide singela que me guarda os despojos entre os túmulos suntuosos de São João Batista, onde se recolhem os ossos da aristocracia do ouro da Cidade Maravilhosa; não me buscaste como os Tomés[44] da fenomenologia espiritista, perguntando o número exato dos soldados comandados por Aníbal,[45] na Segunda Guerra Púnica, na falsa suposição de que a morte representa para nós outros um banho prodigioso de sabedoria, e nem me pediste o milagre da felicidade sobre a face da Terra.

Caminhando comigo nas avenidas do pensamento, através das humildes edificações dos meus livros, procuraste a minh'alma nas mais afetuosas recordações.

Marinheiro valoroso do oceano das ideias, contemplaste o céu, pesado de nuvens tempestuosas, lembrando o companheiro que desapareceu no dorso da onda traiçoeira, no misterioso silêncio da noite, para ressurgir na alvorada de uma vida melhor.

E, agradecendo a dádiva de Jesus, que me permitiu acudir à tua recordação amiga, estive espiritualmente contigo, antes que molhasses a pena no coração amargurado para me endereçar a tua carta carinhosa. Ouvindo as tuas considerações íntimas, quando manuseavas a bíblia de angústia da minha vida, desejei intensamente imitar o gesto famoso de Ulisses, no palácio de

---

[44] N.E.: Alusão à Tomé, um dos apóstolos de Jesus, conhecido por "é preciso ver para crer".

[45] N.E.: Um dos maiores generais cartagineses (247-183 a.C.), inimigo dos romanos — os quais muito combateu. São chamadas púnicas as três guerras havidas entre cartagineses e romanos, nome que era o da língua (púnica) falada por aqueles. Aníbal, depois de coberto de glórias e homenagens em sua pátria, teve alternativas, e chegou, por traições, a correr risco de ser entregue a inimigos. Para evitar que tal sucedesse, envenenou-se, já sexagenário.

Alcínoo,[46] quando o canto de Demódoco o fez chorar com a descrição de seus sofrimentos, repassada de louvores ao heroísmo dos companheiros mortos.

Presenciando os movimentos homicidas que se desenrolam na Europa, sentes o frio mortal de todos os corações bem formados que observam, estarrecidos, o crepúsculo desta civilização que se despenha nos desfiladeiros dos milênios, como mais um fruto apodrecido.

Por toda parte é morticínio e destruição. A força faz sentir o peso terrível de seus postulados de violência numa de suas mais singulares alternativas na história do direito.

A cultura intelectual experimenta o insulto de todas as energias das sendas tenebrosas.

Dizia Renan [47] que 'o cérebro queimado pelo raciocínio tem sede de simplicidade, como o deserto tem sede de água pura'. E nós observamos que a ciência do mundo, nas suas explosões de inconsciência, se reduz, agora, a um punhado de escombros.

O antigo continente, fonte desta civilização que se perde, à míngua da água pura da fé, no deserto das ambições desmedidas, dá a ideia de um novo inferno, onde o diabo desse a beber aos Espíritos o vinho sinistro da ruína e da morte.

Meditando nas bocas de fogo, assestadas para as mulheres e criancinhas indefesas, perguntas-me se cheguei a ouvir falar, 'ao tempo em que vivia mortalmente, em guerras sem declaração, invasões sem anúncio, conquistas sem ideal', no desdobramento das ações malignas, levadas a efeito pela nossa geração, condenada no berço pelas suas inquietações desesperadas.

---

[46] N.E.: Rei dos feácios, povo fabuloso mencionado na *Odisseia*, de Homero, o velho poeta grego. No palácio desse rei foi que Ulisses, o rei legendário, teve acolhida, quando regressou de Troia. A *Odisseia*, que tem em Ulisses a sua figura central, é rica em detalhes sobre o caso aludido.

[47] N.E.: Joseph Ernest Renan (1823–1892), escritor, filósofo, filólogo e historiador francês.

Sim, meu amigo, a morte não me ocultou a porta da análise relativamente aos nossos panoramas tristes e sombrios.

O repouso absoluto no túmulo é a mais enganosa de todas as imagens que o homem inventou para a sua imaginação atormentada.

Atravessada a fronteira de cinzas do sepulcro, sentimo-nos dentro do santuário das mais profundas revelações.

A luz suave e tranquila da verdade confunde-nos todos os enganos.

Aí na Terra prevalecem as convenções sociais, os imperativos de ordem econômica e a claridade falsa do artificialismo das gloríolas mundanas. Aqui, porém, é a revelação da espiritualidade pura.

O mundo esqueceu a fonte preciosa da fé, submergindo-se no abismo dos raciocínios mais sombrios.

A atualidade é um campo de batalha onde se glorificam todos os símbolos da força bruta e onde todas as florações do sentimento estão condenadas ao extermínio.

Contrariamente às tuas suposições, vemos, igualmente, os quadros angustiosos e sinistros.

Sentimos as preces aflitas dos corações maternos, dilacerados nas suas mais cariciosas esperanças. Contemplamos essa juventude envenenada, que caminha para a morte, glorificando a imagem infeliz de D'Annunzio,[48] quando preconizava, para os moços da época, a ponta da baioneta, como o primeiro e último amor.

Mais que isso, podemos observar, de perto, as agonias silenciosas dos lares abandonados e desprotegidos, que balançam na árvore da vida, arrancados pelas mãos impiedosas dos novos bárbaros que ameaçam as bases cristãs, de que a nossa civilização fugiu, um dia, levada pelo egoísmo dos mais fortes.

Ante as sombras dolorosas que invadem o mundo velho, sinto contigo o frio do crepúsculo, preludiando a noite de tempestade, cheia de amarguras e de assombros.

---

[48] N.E.: Gabriele D'Annunzio (1863–1938), escritor italiano.

Dentro, porém, de nossa angústia, somos obrigados a recordar que a nossa geração de perversidade e descrença está condenada, por si mesma, aos mais dolorosos movimentos de destruição.

O mundo cogitou de ciência, mas esqueceu a consciência, ilustrou o cérebro e olvidou o coração, organizou tratados de Teologia e de política, fazendo tábua rasa de todos os valores da sinceridade e da confiança.

É por isso que vemos o polvo da guerra envolver os corações desesperados, em seus tentáculos monstruosos, enquanto há gigantes da nova barbaria preferindo discursos bélicos, em nome de Deus, e sacerdotes abençoando, em nome do Céu, as armas da carnificina.

Os sociólogos mais atilados não conseguem estabelecer a extensão dos fenômenos dolorosos que invadem os departamentos do mundo.

A embriaguez de ruína mobiliza os furacões destruidores das novas tiranias sobre a fronte dos homens, e nós acompanharemos a torrente das dores com as nossas lágrimas, porque fizemos jus a essas agonias amarguradas e sinistras, em virtude do nosso esquecimento da lei do amor, no passado espiritual.

A hora que passa é um rosário de soluços apocalípticos, porque merecemos as mais tristes provações coletivas, dentro das nossas características de Espíritos ingratos, pois as angústias humanas não ocorrem à revelia d'Aquele que acendeu a luz da manjedoura e do calvário, clarificando os séculos terrestres.

Das culminâncias espirituais, Jesus contempla o seu rebanho de ovelhas tresmalhadas e segue o curso dos acontecimentos do mundo, com a mesma divina melancolia que assinalou a sua passagem sobre as urzes da Terra.

Enevoados de lágrimas sublimes, seus olhos contemplam os canhões e os prostíbulos da guerra, os gabinetes de despotismo e da ambição, os hospitais de sangue, no centro dos cadáveres insepultos e, observando a extensão de nossas misérias, exclama como Jeremias:[49] — Ó! Jerusalém!... Jerusalém!... E nós, operários obscuros do Plano Espiritual, buscamos disseminar a nova consolação, junto aos que sucumbem ou fraquejam.

O Evangelho é a nossa bússola, e não nos detemos para a lamentação, porque, hoje, meu amigo, eu sei orar, de novo, juntando as mãos em rogativa, como no tempo da infância em Parnaíba, quando a simplicidade infantil me enfeitava o coração.

Aqui, oramos, trabalhamos e esperamos, porque sabemos que Jesus é o fundamento eterno da Verdade e que um dia, como Príncipe da Paz, instalará sobre a Terra dos lobos o redil de suas ovelhas abençoadas e mansas.

Nessa era nova, vê-Lo-emos outra vez, nos seus ensinos redivivos, espalhando a esperança e a fé, confundindo quantos mentiram à Humanidade em seu nome.

Antes, porém, que o novo sol resplenda nos horizontes do orbe, seremos reunidos no plano espiritual para sentir as vibrações suaves do seu amor infinito.

Nesse dia, meu irmão, certamente o Senhor fará descer as suas bênçãos compassivas sobre o teu coração generoso e fraterno. Mensageiros de piedade e de luz hão de esperar teu espírito carinhoso, no limiar do sepulcro e, contemplando a claridade imortal da vida verdadeira, ouvirás uma voz, terna e carinhosa, que murmurará aos teus ouvidos:

— Gastão Penalva, sê bem-vindo ao reino da paz, tu que choraste com as viúvas e com os órfãos, sonhando a concórdia no caminho dos homens!... Retempera as tuas energias, porque o trabalho não findou na estrada interminável da Vida. Sob as bênçãos de Deus, lutarás pela nova redenção, ao longo do Infinito!... Poderás renovar as tuas aspirações, dilatando os teus esforços, porque o salário do bom trabalhador está reservado nos Céus aos

---

[49] N.E.: O livro de *Lamentações* registra o choro do profeta Jeremias por Jerusalém, quando do seu incêndio realizado pelo exército babilônico.

operários sinceros e devotados de todas as crenças que iluminam a noite dos corações atormentados do planeta terrestre!...

Então, meu amigo, o orvalho brando das lágrimas lavará todas as recordações penosas dos dias de incompreensão e de amargura que viveste no mundo, e uma nova luz balsamizará o teu íntimo, onde florescerão os lírios perfumados do amor e da Divina Esperança."

Humberto de Campos
(Recebida pelo médium Francisco Cândido Xavier, em 6 de outubro de 1939.)

~ 10 ~
Oração do Natal

Senhor Jesus. Há quase dois milênios, estabelecias o Natal com tua doce humildade na manjedoura, no qual te festejaram todas as harmonias da natureza. Reis e pastores vieram de longe, trazendo-te ao berço pobre o testemunho de sua alegria e de seu reconhecimento. As estrelas brilharam com luz mais intensa nos fulgores do céu e uma delas se destacou no azul do firmamento para clarificar o suave momento de tua glória. Desde então, Senhor, o mundo inteiro, pelos séculos afora, cultivou a lembrança da tua grande noite, extraordinária de luz e de belezas diversas.

Agora, porém, as recordações do Natal são muito diferentes.

Não se ouvem mais os cânticos dos pastores, nem se percebem os aromas agrestes da natureza.

Um presépio do século XX seria certamente arranjado com eletricidade, sobre uma base de bombas e de metralhadoras, onde aquela legenda suave do *Gloria in excelsis Deo* seria substituída por um apelo revolucionário dos extremismos políticos da atualidade.

As comemorações já não são as mesmas. Os locutores de rádio falarão da tua humildade, do cume dos arranha-céus e, depois de um programa armamentista, estranharão, para os seus ouvintes, que a tua voz pudesse abençoar os pacíficos, prometendo-lhes um lugar de bem-aventurados, embora haja isso ocorrido há dois mil anos.

Numerosos escritores falarão, em suas crônicas elegantes, sobre as crianças abandonadas, estampando nos diários um conto triste, onde se exalte a célebre virtude cristã da caridade; mas, daí a momentos, fecharão a porta dos seus palacetes ao primeiro pobrezinho.

Contudo, Senhor, entre os superficialismos desta época de profundas transições, almas existem que te esperam e te amam. Tua palavra sincera e branda, doce e enérgica, magnetiza-lhes os corações, na caprichosa e interminável esteira do tempo. Elas andam ocultas nas planícies da indiferença e nas montanhas de iniquidade deste mundo. Conservam, porém, consigo a mesma esperança na tua inesgotável misericórdia.

É com elas e por elas que, sob as tuas vistas amoráveis, trabalham os que já partiram para o mundo das suaves revelações da Morte. É com a fé admirável de seus corações que semeamos, de novo, as tuas promessas imortais, entre os escombros de uma civilização que está agonizando à míngua de amor.

É por essa razão que, sem nos esquecermos dos pequeninos que agrupavas em derredor da tua bondade, nos recordamos hoje, em nossa oração, das crianças grandes, que são os povos deste século de pomposas ruínas.

Tu, que és o Príncipe de todas as nações e a base sagrada de todos os surtos evolutivos da vida planetária; que és a Misericórdia Infinita, rasgando todas as fronteiras edificadas no mundo pelas misérias humanas, reúne a tua família espiritual, sob as algemas da fraternidade e do bem que nos ensinaste!...

Em todos os recantos do orbe, há bocas que maldizem e mãos que exterminam os seus semelhantes. Os Espíritos das trevas fazem chover o fogo de suas forças apocalípticas sobre as organizações terrestres, ateando o sinistro incêndio das ambições na alma de multidões alucinadas e desvalidas. Por toda parte, assomam os falsos ídolos da impenitência do mundo, e místicas políticas, saturadas do vírus das mais nefastas paixões, entornam sobre os espíritos o vinho ignominioso da Morte.

Mas nós sabemos, Senhor, como são falazes e enganadoras as doutrinas que se afastam da seiva sagrada e eterna dos teus ensinos, porque dissipas misericordiosamente a confusão de todas as almas, ainda que os seus arrebatamentos se apoiem nas paixões mais generosas.

Tu, que andavas descalço pelos caminhos agrestes da Galileia, faze florescer, de novo, sobre a Terra, o encanto suave da simplicidade no trabalho, trazendo ao mundo a luz cariciosa de tua oficina de Nazaré!...

Tu, que és a essência de nossos pensamentos de verdade e de luz, sabes que todas as dores são irmãs umas das outras, bem como as esperanças que desabrocham nos corações dos teus frágeis tutelados, para vibrar nos mesmos ideais, aquém ou além das linhas arbitrárias que os homens intitularam de fronteiras!

Todas as expressões da Filosofia e da Ciência dos séculos terrenos passaram sobre o mundo, enchendo as almas de amargosas desilusões. Numerosos políticos te ridicularizaram, desdenhando as tuas lições inesquecíveis; mas nós sabemos que existe uma verdade que dissimulaste aos inteligentes para a revelares às criancinhas, encontrada, aliás, por todos os homens, filhos de todas as raças, sem distinção de crenças ou de pátrias, de tradições ou de família, que pratiquem a caridade em teu nome...

Pastor do rebanho de ovelhas tresmalhadas, desde o primeiro dia em que o sopro divino da vontade do Nosso Pai fez brotar a erva tenra, no imenso campo da existência terrestre, pairas acima do movimento vertiginoso dos séculos, acima de todos os povos e de suas transmigrações incessantes no curso do tempo, ensinando as criaturas humanas a considerar o nada de suas inquietações, em face do dia glorioso e infinito da Eternidade!...

Agora, Senhor, que as línguas da impiedade conclamam as nações para um novo extermínio, manifesta a tua bondade, ainda uma vez, aos homens infelizes, para que compreendam, a tempo, a extensão do seu ódio e de sua perversidade.

Afasta o dragão da guerra de sobre o coração dilacerado das mães e das crianças de todos os países, curando as chagas dos que sangram de dor selvagem à beira dos caminhos.

Revela aos homens que não há outra força além da tua e que nenhuma proteção pode existir, além daquela que se constitui da segurança de tua guarda!

Ensina aos sacerdotes de todas as crenças do globo, que falam em teu nome, o desprendimento e a renúncia dos bens efêmeros da vida material, a fim de que entendam as virtudes do teu reino, que ainda não reside nas suntuosas organizações dos Estados deste mundo!

Tu, que ressuscitaste Lázaro das sombras do sepulcro, revigora o homem moderno, no túmulo hora torva de penosos testemunhos!

Tu, que fizeste que os cegos vissem, que os mudos falassem, abre de novo os olhos rebeldes de tuas ovelhas ingratas e desenrola as línguas da verdade e do direito, que o medo paralisou, nesta hora torva de penosos testemunhos!

Senhor, desencarnados e encarnados, trabalhamos no esforço abençoado de nossa própria regeneração, para o teu serviço divino!

Nestas lembranças do Natal, recordamos a tua figura simples e suave, quando ias pelas aldeias que bordavam o espelho claro das águas do Tiberíades!... Queremos o teu amparo, Senhor, porque agora o lago de Genesaré é a corrente represada de nossas próprias lágrimas. Pensamos ainda ver-te, quando vinhas de Cesareia de Filipe para abençoar o sorriso doce das criancinhas... De teus olhos misericordiosos e compassivos, corria uma fonte perene de esperanças divinas para todos os corações; de tua túnica humilde e clara, vinha o símbolo da paz para todos os homens do porvir e, de tuas palavras sacrossantas, vinha a luz do céu, que confunde todas as mentiras da Terra!...

Senhor, estamos reunidos em teu Natal e suplicamos a tua bênção!... Somos as tuas crianças, dentro da nossa ignorância e da nossa indigência!... Apiada-te de nós e dize-nos ainda:

— Meus filhinhos...

~ 11 ~
Ludendorff[50]

"O grande general da Linha Hindenburg,[51] depois de ensarilhar os fuzis da Grande Guerra, empunhara as armas do pensamento, dedicando-se à mais intensa atividade intelectual na construção da Alemanha Nova.

Do seu recanto solitário, Erich Ludendorff conseguia o mais assinalado êxito com as suas publicações, que se multiplicavam indefinidamente. Só a sua revista conseguia uma tiragem de setenta mil exemplares. Seus livros eram disputados em todos os centros culturais da velha Germânia, ciosa das suas tradições militares e dos seus sonhos de domínio. Ludendorff personificava esse espírito de renovação e de imperialismo. As lutas de 1914–1918 haviam cessado, mas o valoroso militar empregava todas as suas

---

[50] N.E.: Erich Friedrich Wilhelm Ludendorff (1865-1937), general alemão.

[51] N.E.: A Linha Hindenburg foi um vasto sistema de defesa ao nordeste da França durante a Primeira Guerra Mundial, construído pelos alemãos durante o inverno de 1916 para 1917. A linha estendia-se de Lens a Verdun. A decisão de se construir a linha partiu do marechal de campo Paul von Hindenburg e do general Erich Ludendorff.

energias, após o armistício, no sentido de reerguer o povo alemão depois da derrota. Nacionalista extremado, não tolerava a república, era adversário declarado da Igreja Católica e ferrenho inimigo dos judeus e da maçonaria, concentrando todas as suas aspirações de homem e de soldado no pan-germanismo, acreditando que somente da Alemanha poderia surgir o próprio aperfeiçoamento do mundo. Com Hindenburg, havia sido a coluna inexpugnável dos exércitos das potências centrais na Grande Guerra. Do seu pulso de ferro haviam emanado quase todos os coeficientes de força, em Liège e Tannenberg. Suas tradições de chefe eram objeto de veneração dos seus próprios inimigos, e, nos tempos atuais, era o valoroso soldado a única voz tolerada na Alemanha hitlerista, nos problemas da análise do novo regime, em virtude da sua situação excepcionalíssima perante as forças armadas de sua pátria, que se ufanavam de possuir um roteiro no seu grande espírito.

Agora, porém, nos últimos tempos, fora o general internado numa Casa de Saúde de Munique, a fim de estudar-se a possibilidade de uma operação na bexiga, cujo resultado lhe devolvesse a saúde abalada, aos 72 anos sobre a face da Terra.

Todos os seus compatriotas acompanharam-lhe o tratamento, aguardando a volta do valoroso soldado aos misteres de cada dia, pelo bem da Alemanha. O prognóstico dos médicos era o mais favorável possível. Ludendorff era senhor de uma invejável constituição orgânica. E não seria de estranhar que voltasse um dia à caserna para a vida ativa. Na época do armistício, Hindenburg contava mais de 70 anos, Foch tinha aproximadamente 68 anos. Era assim que o exército alemão esperava ainda e sempre a inspiração daquele homem extraordinário. Os facultativos, não obstante a impossibilidade de uma intervenção cirúrgica, consideravam-no a caminho de franco restabelecimento, chegando a conceder-lhe a precisa permissão para afastar-se do leito diariamente. Tudo fazia entrever a devolução de sua saúde.

Mas, naquele dia, o general, dentro de um círculo de recordações, rememorava, apunhalado de saudade, todos os caminhos percorridos. Do seu leito, parecia contemplar ainda a batalha de Tannenberg, na qual a sua coragem substituíra a indecisão do general Prittwitz, e, conduzindo mais longe a sua memória, voltava aos seus estudos militares na Academia de Grosslichtenfeld, revendo afetos da mocidade e abraçando, em pensamento, velhos camaradas da infância. Uma singular emotividade fazia vibrar o seu coração enrijecido nas lutas, até que suave e momentâneo repouso físico lhe fechou os olhos do corpo, abrindo a sua visão espiritual, dentro de uma considerável amplitude. Parecia-lhe haver regressado aos tempos longínquos da mocidade, tal a sua lucidez e extraordinária desenvoltura.

Ao seu lado, estava o grande amigo de todas as lutas.

Hindenburg, porém, já não era mais o soldado cheio de audácia e de aprumo. Seu corpo se achava destituído de todas as insígnias e de todos os uniformes, e no seu olhar andava uma onda de tristeza e de humildade, saturada de indefinível ternura.

— Erich — falou brandamente —, não tardarás também a transpor os portões da Eternidade... Guarda em teu espírito a esperança no Céu e no Deus de misericórdia, que é a vida de todas as coisas... Abandona todas as tuas preocupações de grandeza e de imperialismo, porque diante da morte desaparecem todos os nossos patrimônios de posse e de domínio materiais! Renova as tuas concepções da vida, para penetrares o templo da Imortalidade, abandonando o mundo com um pensamento fraterno para todas as criaturas... O nosso sonho de imperialismo e de superioridade da Alemanha não passa de uma vaidade tocada de loucura, que Deus pode desfazer de um instante para outro, como o vento poderoso que move as areias de uma praia. Fecha todas as portas do orgulho e da exaltação, porque, se a nossa pátria quis guardar as minhas cinzas no Panteão de Tannenberg, o meu espírito foi obrigado a se socorrer do último dos nossos

comandados... O generalíssimo das batalhas, para Deus, não passava de um verme obscuro e insolente, condenado a prestar as mais severas contas de suas atividades sobre a Terra...
    Ludendorff ouvia, com estranheza, as palavras que lhe vinham ao coração, das profundezas do túmulo. Dentro do seu orgulho inflexível conseguiu balbuciar:
    — Deus? Não existe outro Deus a não ser aquele que simboliza a força, a superioridade da Alemanha...
    — Cala-te! — replicou ainda a voz pungente da sombra.
— Acima de todas as pátrias do planeta, está a Misericórdia Suprema de um Deus, cuja providência é a luz e o pão de todas as criaturas. A sua sabedoria permitiu que os homens se dividissem à sombra de bandeiras, não para a carnificina das batalhas, mas para que amassem a escola do mundo terrestre, aproveitando os seus trabalhos, dentro do idealismo das pátrias, até que conseguissem, longe de todo o estímulo do espírito de concorrência, compreender integralmente as leis da fraternidade e da solidariedade humana... Na balança do seu amor e da sua justiça inviolável, a Alemanha não vale mais que a Palestina. Os judeus que combates são igualmente nossos irmãos, no caminho da vida... Reconhece toda a verdade das minhas fraternas revelações, porque, na realidade, nenhuma nação, como nenhum homem, se pode antepor à Vontade Suprema... Unamos as mãos, longe dos combates incompreensíveis, dilatando o ideal da fraternidade sobre a Terra, sob a bênção compassiva de Jesus Cristo, que é o único fundamento indestrutível na face deste mundo, onde todas as glórias passam, como a vertigem de um relâmpago. Em breve, teu corpo repousará nas cinzas da terra, como os nossos despojos guardados na solidão de Tannenberg... Sobre a poeira das ilusões, hão de elevar-se os cânticos guerreiros, mas nós, com a serenidade da distância, nos uniremos nos céus da nossa pátria, implorando ao Senhor derrame sobre todos os nossos compatriotas os eflúvios do seu amor, de sua misericórdia e da sua paz!...

Nesse momento, entretanto, Ludendorff não conseguiu ouvir mais a voz consoladora e amiga da sombra. Suas fibras emotivas haviam se dilatado ao Infinito. Seu coração parecia parado de angústia, na sepultura do tórax envelhecido, e uma lágrima dolorosa lhe pairava nos olhos saturados de espanto. Todas as suas ideias de domínio estavam destruídas nos raciocínios de um instante. Seu espírito voltara à vigília, cheio de angústia inexprimível.

Cercam-no os facultativos, verificando a queda brusca de todas as suas forças. O valente soldado da Grande Guerra estava ali, vencido, em face da morte, e, daí a algumas horas, sem que os médicos pudessem explicar o desenlace inesperado, Ludendorff penetrava os pórticos do Mundo Espiritual, amparado por uns braços de névoa, não mais para pregar o imperialismo do seu país ou para recordar os dias gloriosos de Tannenberg, mas para orar humildemente, diante da Misericórdia Divina, suplicando ao Senhor a inspiração necessária para os vivos da sua pátria."

~ 12 ~
Maio

As comemorações terrestres muitas vezes têm no Espaço o seu eco suave e doce. Os mortos frequentemente se reúnem aos vivos, nas suas lágrimas ou nas suas glorificações. Quando as luzes e os perfumes de maio banham os dois hemisférios, onde se agita a cristandade, com as suas várias famílias evangélicas, as preces da Terra misturam-se com as vibrações do Céu, em homenagem à Mãe do Salvador, no trono de sua virtude e de sua glória. Se o planeta da lágrima se povoa de orações e de flores, há roseiras estranhas florindo nas estradas prodigiosas do Paraíso, nos altares iluminados de outra natureza, e Maria, sob o dossel de suas graças divinas, sorri piedosamente para os deserdados do mundo e para os infelizes dos espaços, derramando sobre os seus corações as flores preciosas de sua consolação.

Na Terra, as suas bênçãos desabotoam a palma da esperança, no ânimo dos tristes e dos abatidos; no Além, as vibrações do seu amor confortam o coração dos desesperados, entornando sobre eles o cântaro de mel da sua Infinita Misericórdia.

Foi assim que a voz de Jeziel, anjo mensageiro da sua piedade, nos acordou:

— Hoje — disse-nos com a sua palavra tocada de suave magnetismo —, o Paraíso abre suas portas douradas para receber todas as súplicas, vindas da Terra longínqua... Dos altares terrestres e dos corações que se desfazem nas ânsias cristãs, no planeta das sombras, eleva-se uma onda de amor, em volutas divinas e a Rosa de Nazaré estende aos sofredores o seu manto divino, constelado de todas as virtudes... Celina já partiu para as vastidões escuras do planeta das lágrimas, a fim de repartir as bênçãos carinhosas da Mãe de Jesus com todos aqueles que têm pago ao Céu os mais largos tributos, em prantos e rogativas, nos caminhos espinhosos das penas terrestres. Mas a Senhora dos Anjos não vos poderia esquecer e mandou-me anotar as solicitações dos vossos Espíritos, a fim de que as vossas esperanças alcançassem guarida no seu coração maternal.

E cada entidade expôs ao anjo piedoso de Maria as suas expectativas angustiosas. Antigos afortunados do mundo pediam para os seus descendentes na Terra o necessário esclarecimento espiritual; outros imploravam um bálsamo que lhes aliviasse o coração amargurado, ferido nos espinhos dos enganos terrestres. Não foram poucos os que lembraram seus antigos sonhos e suas paixões nefastas, sepultadas no planeta como negros resíduos de florestas incendiadas, suplicando da Senhora dos Anjos a esmola do conforto do seu amor. Posições convencionais, erros deploráveis e malignas ilusões foram amargamente recordados e, esperando a vez de anunciar o meu desejo, pus-me a analisar as aspirações mais sagradas do meu espírito, depois de sutilmente arrebatado, pela morte, às suas atividades do mundo.

Assim como um estudioso de Matemática pode dissecar todas as coisas físicas, compreendendo que a linha é uma reunião de pontos acumulados e que a superfície é a multiplicação dessas mesmas linhas, o Espírito desencarnado, na sua acuidade perceptiva, pode ser o geômetra de suas próprias emoções, operando a análise de si mesmo, autopsiando os corpos dos tempos idos, fazendo-os ressurgir, um a um, na sua milagrosa imaginação.

Lembrei, assim, a paisagem pobre e triste da minha aldeia natal. E vi novamente Miritiba, com as suas ruas arenosas e semidestruídas, guardando no litoral maranhense as antigas tradições dos guerrilheiros balaios, o lar humilde e farto da minha primeira infância, o gênio festivo de meu pai e a figura bondosa e severa de minha mãe... Em seguida, revi os quadros de amargura e de orfandade, vividos na Parnaíba distante. E depois... era o meu veleiro, rudemente jogado no oceano largo, no qual, com os remos da minha coragem, procurava enfrentar, inutilmente, a maré alta das lágrimas, até que um dia, desesperado na ilha dos meus sofrimentos, e cansado de afrontar, como Ájax, a cólera dos deuses, submergi-me involuntariamente, na grande noite, para despertar no outro lado da vida.

No espírito humano, existem abismos insondáveis de sombra e luz, de misérias obscuras e sublimes glorificações. Num minuto, pode o pensamento rememorar muitos séculos, com o seu cortejo maravilhoso de trevas miseráveis e de luminosas purificações.

Chegada a minha vez, supliquei ao anjo solícito:

— Jeziel, sobre a superfície da Terra longínqua e escura, no qual quase todos os corações se perdem nos desfiladeiros do ateísmo, da impenitência e da impiedade, tenho os filhos bem-amados da minha carne e do meu espírito; mas esses têm, diante do porvir, o banquete risonho da esperança e da mocidade; ensinei-os a buscar no mundo o contentamento sadio do trabalho, em afirmações de estudo e de perseverança, dentro das leis da consciência retilínea. Porém, numa nesga pequenina da Terra há um coração dilacerado, como o da Mãe de todas as mães terrestres, trespassado de divinas angústias, desde a Manjedoura até o Calvário... É para minha mãe que peço todas as tuas graças... A mão nobre e forte, que me conduziu à lição proveitosa da vida humana, acena-me do mundo, enregelada de saudade, ansiosa do beijo do filho que ela criou, com todos os sacrifícios do seu corpo e com todos os martírios do seu coração... É para ela, Jeziel, que desejo leves a bênção maternal da Rainha dos Céus, numa profusão de lírios de esperança santificadora... Dá ao seu Espírito valoroso, que nunca teve as suas ânsias de ventura realizadas no orbe do exílio, a vibração da paz de que gozam os redimidos nas dores austeras e ignoradas... Todas as bênçãos de Maria sejam depostas na sua fronte, que os cabelos brancos aureolaram, numa epopeia de sacrifícios desconhecidos e de heroísmos santificantes... Despetala sobre o seu coração fervoroso e agradecido todas as flores que hoje desabrocham no Paraíso, e que, no obscuro recanto da Terra onde o seu Espírito aguarda o alvará da liberdade suprema, possa minha mãe sentir, nos seus olhos nublados de lágrimas, o orvalho das lágrimas do seu filho, redivivo e reconfortado na alegria e na esperança.

    E foi assim que a alma piedosa de minha mãe, nas dores com que vai penetrando a antecâmara da imortalidade, recebeu, neste mês de maio, o coração saudoso e amigo do seu filho.

Fim

Apêndice

Anexo 1
As antíteses da personalidade de Humberto de Campos

A observação dos acontecimentos da vida cotidiana, em todos os setores da atividade social, feita sem o exclusivismo dos prévios pontos de vista de qualquer doutrina, convida o espírito humano a arrojados paralelos entre as coisas grosseiramente materiais e aquelas que dizem com a Alma, jungidas embora às pesadas contingências da existência terreal.

Da fecunda treva do subsolo se extrai, inerte e frio, o carvão mineral; mas basta que entre em combustão para transformar-se em calor e luz energias alimentícias das fornalhas que movem os dínamos das usinas elétricas, ou acionam as turbinas dos gigantescos transatlânticos.

E a deslumbrada inteligência humana, contemplando esse corriqueiro fenômeno da vida de cada dia, permanece ignorante dos processos recônditos que estratificam claridade, calor, força, na negrura álgida e imóvel de um lençol de carvão incrustado nas entranhas da Terra.

Assim também, nos subterrâneos do ser, existe a riqueza espiritual de uma Alma, que permanece inerte e fria, antes de trazida à plenitude de sua expansão, na entrosagem da vida, tornando-se capaz de derramar claridades e energias no ambiente social — de que é partícula integrante.

O mundo é uma ciclópica oficina de labores diversíssimos, onde cada indivíduo tem a sua parcela de trabalho, de acordo com os conhecimentos e aptidões morais adquiridos, trazendo, por isso, para cada tarefa, o cabedal aprimorado em uma ou em muitas existências.

As hierarquias, que tanto impressionam os inscientes das leis espirituais, não influem para desempenho dos encargos individuais assumidos pelo Espírito à face do seu Destino pré-traçado.

Não há muito, quando, por entre retumbâncias telegráficas, era anunciado ao orbe que o ilustre Guglielmo Marconi[52] realizara o milagre de iluminar, a distância, determinado local provido de lâmpadas elétricas, ocorria aqui, no Brasil, idêntico prodígio — levado a efeito por um despretensioso cidadão, tão patriota quanto Marconi, porém despido de auréolas, e sem os exaustivos estudos que por mais de meio século, fez o cientista italiano.

O Gênio se esconde muitas vezes, pelas contingentes necessidades da reencarnação do Espírito, em ambientes e criaturas sem qualquer vestígio de valor intelectual, ou carecedores de todos os elementos assecuratórios do êxito na vida social.

Nenhum melhor exemplo de tal evidência do que o oferecido pelos talentos literários.

Muitas dessas glórias nasceram anônimas, desconhecidas viveram, até que explodiram em vulcões de luz e beleza.

Todos os indícios da vida de Humberto de Campos mostram que ele foi a reencarnação de um notável cultor das letras clássicas. O contraste entre o intelecto pigmeu da infância e o talento gigante da idade adulta é bem eloquente.

---

[52] N.E.: Guglielmo Marconi (1874–1937), físico e inventor italiano.

Buscando Humberto de Campos desde a primeira meninice, não se lhe assinala, na vida trabalhosa e árida de órfão pobre, nenhum ensejo de haurir e acumular conhecimentos que o elevassem acima do nível normal dos escritores e, por isso, lhe servissem de credencial para ingressar no rol dos consagrados da literatura ou do jornalismo nacionais.

Entretanto, germinando espontaneamente, dos recônditos em que dormitava a preciosa hulha de formação remota, o seu Espírito, a tempo, emergiu no homem o que o menino humilde e paupérrimo não tivera oportunidade de exteriorizar.

Lendo-se o comentário e a crítica nos seus escritos, percebe-se, sem esforço, uma erudição que revela fundas raízes no critério filosófico dos antigos, alicerçado na observação exata dos homens e das coisas.

Referindo-se a determinado indivíduo ou a qualquer trabalho ou acontecimento que lhe merecesse atenção e comentário, Humberto de Campos traçava conceitos acima do comum, espelhando o amadurecimento do espírito de crítica e a segura visão de quem muito vivera, muito observara e muito conhecia — tudo contrastando com a escassa instrução humanística que se lhe atribuiria com justiça.

Ainda assim, contemporâneo de uma época de dinamismo febril, quando a multiplicidade dos assuntos e as contingências da luta pela subsistência não permitiam ao indivíduo aprofundar o estudo, o critério, a classificação perfeita dos eventos cotidianos, fez o milagre de conservar-se notável dentro do mediocrismo atabalhoado dos que necessitam pensar e escrever enquanto o estômago faz a digestão de magras refeições.

Aliás, a história de todos os povos antigos e modernos está repleta de exemplos, a confirmar que muitos dos gênios das letras e das artes despontam de criaturas de infância humilde, e, não raro, de vocação desconhecida e contrariada.

Humberto de Campos, órfão ao primeiro lustro de idade, teve a criação rústica, rebelde, defeituosíssima, tão comum nos nascidos em vilarejos do interior brasileiro, atrofiado pelos maus exemplos, pela linguagem viciada e baixa, grosseira e suja, pelos conselhos malsãos, pela agressividade das atitudes dos valentões da faca à cinta; aprendiz de alfaiate, e depois de tipógrafo, e afinal empregado sem categoria no comércio vilão; aluno primário de escolas onde aprendeu rudimentos; tais os valores negativos que recebeu para entrar na vida — que devia seguir — dentro do seu Destino de glória dolorosa e cheia de penúrias.

Tudo a confirmar que o Espírito orgulhoso, autoritário, flagelador, ancho[53] do seu saber — quando volta a resgatar o passado de culpas, não podendo apagar o cabedal de conhecimentos adquiridos, imerge na obscuridade de uma família ou de um ambiente, onde os impulsos inatos sejam castigados rudemente, onde tenha oportunidade de abater o orgulho, onde a instrução lhe seja penosa de adquirir — até vencer o estágio de provação, e, então, bem empregar os cabedais que foram instrumento de amarguras em outras existências.

Benvenuto Cellini, que deveria incorporar-se à galeria dos maiores artistas da ourivesaria, começou a ganhar o sustento tocando trompa, ao lado do genitor, em um bando de músicos; Antônio Canova, o grande escultor, paupérrimo, obteve a proteção do opulento João Faliero por haver modelado um leão em manteiga, na cozinha do palácio desse senador romano, isso para tirar de apuros o cozinheiro a quem o senhor exigira um prato que, pela sua absoluta originalidade, deslumbrasse os convivas — mostrando-lhes a excelência da cozinha do anfitrião.

Martinho Lutero, eminente entre os maiores homens do seu século, era filho de rude operário mineiro, e muitas vezes comeu pão de esmola, a cantar nas ruas com outros condiscípulos

---

[53] N.E.: Inchado de vaidade, cheio de si, convencido, orgulhoso (Dicionário Houaiss).

pobrezinhos, para poder frequentar as aulas onde estudava — distante e sem auxílio dos pais.

Entretanto, mesmo sem necessidade de recuar a tempos mais ou menos remotos, podemos encontrar semelhantes casos em artistas que se celebrizaram em dias contemporâneos e com a contribuição dos nossos sinceros e calorosos aplausos.

Titta Ruffo, que teve o cetro de maior e mais célebre dos barítonos hodiernos, foi despedido do Conservatório Santa Cecília, de Roma, depois de vinte e quatro meses de estudo, porque, no entender dos seus professores, não possuía suficiência vocal para cantar óperas.

Enrico Caruso, o tenor que mais se elevou social e artisticamente em nossos tempos, era paupérrimo de origem e trabalhou feito aprendiz de mecânico — antes que sua voz, exibida nas igrejas aldeãs, lhe abrisse as portas da carreira em que tanto fulgiu. Outros ilustres só o foram depois de algo avançados em idade, caso que La Fontaine documenta eloquentemente.

Oliver Goldsmith muito lutou e muito sofreu nas mais variadas profissões, antes que conquistasse a glória literária.

Entre as eminências da política mesmo, basta lembrar o cardeal Giulio Mazarino[54] (Mazarin, depois de naturalizado francês) que, antes de elevar-se aos justos lauréis de estadista, foi um dos mais impenitentes jogadores do seu tempo, tendo descido a empenhar peças de roupa — no intuito de conseguir dinheiro para jogar.

Entretanto, o essencial a salientar em todos esses casos de predestinação num determinado rumo de atividade é o traço indicador de uma força propulsora, incógnita, que leva, afinal, a criatura ao verdadeiro setor da ação que deve exercer.

As ideias inatas, a propensão para determinados rumos na existência, os cabedais surgidos inopinadamente, sem que correspondam à aparente modéstia dos recursos intelectuais do indivíduo, tudo indica que o ser humano tem no Espírito um grande reservatório de conhecimentos e experiências de outras vidas, dos

---

[54] N.E.: (1602–1661), político francês de origem italiana.

quais se serve para completar o seu estágio evolutivo — quando reencarna no orbe terráqueo.

As figuras de Humberto de Campos deixam sempre perceber o sulco luminoso aberto pelo seu reservatório de recursos espirituais; mas o preconceito que reveste as coisas da Alma com as amiantadas vestimentas da intolerância religiosa, não permite que os contemporâneos lhe possam medir a grandeza da missão que desempenham no seu tempo e na sua especialidade de trabalho.

Se melhor observada a condição do Espírito que reencarna, porque precisado de novos estágios de ascese, fácil se tornaria compreender a razão de certas falências, principalmente daqueles que se afundam no paul[55] dos vícios anemizantes ou destruidores da saúde e do próprio corpo — tudo ligado às condições de existências anteriores, elos muitas vezes formidáveis — que a criatura necessita quebrar, empregando desesperados e hercúleos esforços.

Os grandes talentos que se deixam estiolar nos desperdícios da embriaguez, evadidos do bom senso, nômades da moral, são, em regra, Espíritos insuficientemente preparados para lutar contra tendências ligadas à anterior encarnação e contra a influência dos arrastamentos dos Espíritos errantes que vivem em busca de médiuns (instrumentos) para realização de seus desejos ou paixões.

Daí o espetáculo contristador que oferecem certas privilegiadas inteligências, meio afogadas no eclipse dos entorpecentes, patenteando — nos intervalos de lucidez — quando a influência perturbadora se afasta, os prodígios de uma arte que as imortaliza pelo decurso dos séculos sucessivos.

Quantas obras-primas de talento teriam legado as cerebrações gêmeas de Álvares de Azevedo,[56] sem a transbordante boemia que as conduziu à tuberculose ou à cirrose do fígado?

---

[55] N.E.: O mesmo que pântano.
[56] N.E.: Manuel Antônio Álvares de Azevedo (1831–1852), poeta brasileiro.

Poder-se-á medir o fulgor que teria tido para as letras brasileiras a época sem rival em que medrassem — sem desregramentos de alegrias displicentes — os talentos de Paula Ney,[57] no curso de Medicina; Guimarães Passos,[58] na poesia; José do Patrocínio, no jornalismo; Lima Barreto,[59] no romance?

É o exemplo típico desse tão apontado Edgar Poe,[60] que bebia por impulso, e depois passava longos intervalos sem ingerir qualquer porção de álcool, para voltar, a cada novo assédio do seu obsessor, ao mesmo exagero de deglutir mecanicamente a dosagem determinada pelo apetite do momento.

Guilherme Amadeu Hoffmann, sob influências mais sibaritas, emborrachava-se de vinhos superiores, e sentia — embora insciente do fenômeno, a ação de algo que o atormentava, que lhe pesava no cérebro, na Alma, de modo a deixar-lhe a sensação de alívio — quando se retirava. À falta de expressões que caracterizassem o aspecto mediúnico da perturbação, Hoffmann, a cada conto que escrevia, acreditava sentir alívio correspondente a uma "purga intelectual", uma espécie de sangria que lhe desimpedisse o cérebro.

Mas também inteligências equilibradas dentro da cultura e das eminências científicas sofrem os influxos poderosos dos Espíritos do Além, de modo a testificar o inevitável e permanente intercâmbio de sentimentos e de ideias entre os seres que se atraem ou se repelem, coerentes com as leis das afinidades, ligadas a outras da interpenetração da vida universal.

---

[57] N.E.: Francisco de Paula Ney (1858–1897), poeta e jornalista. Desde cedo descobriu que sua verdadeira vocação era o Jornalismo e, por essa profissão, largou o curso de Medicina.
[58] N.E.: Sebastião Cícero dos Guimarães Passos (1867–1909), poeta brasileiro.
[59] N.E.: Afonso Henriques de Lima Barreto (1881–1922), escritor brasileiro.
[60] N.E.: Edgar Allan Poe (1809–1849), escritor americano.

Gerolomo Cardano,[61] um dos maiores matemáticos do seu século, médico, filósofo e astrólogo, foi um exemplo vivo de mediunidade polimorfa.

Escrevendo sobre Física, Astronomia, Química, Moral, História; viajando uma parte da Europa, a tirar horóscopos; empenhando-se em polêmicas transcendentais para aqueles tempos, deixou espelhado em todo esse percurso o traço das incoerências a que era arrastado, segundo as influências perturbadoras que vinham estender sombras sobre as luminosidades recebidas de outras fontes mais elevadas.

Tendo vulgarizado processos algébricos que chegaram até nosso tempo (inclusive a chamada fórmula de Cardano, para resolução de equações cúbicas), deixou também o registro de coisas que foram classificadas de infantis.

Outras figuras de relevo na história política, literária ou artística deixaram também testemunho e lembrança de dons mediúnicos, isto é, de influências estranhas, dessas que a Medicina classifica de nevroses alucinatórias.

Oliver Cromwell, o que destronou Carlos I e introduziu a República entre os ingleses, era médium vidente e audiente, a quem Espíritos materializados falavam, sendo que um, de gigantesca aparência, lhe predisse seria ele grande figura na Inglaterra.

Videntes foram Jean Baptist van Helmont,[62] o célebre e erudito médico belga (que via até o seu próprio duplo); Byron,[63] que dizia ser visitado repetidas vezes por um espectro; Mozart,[64] que, nos últimos tempos de sua existência, teve a visão de um fantasma que lhe falava da morte próxima e o obrigava a escrever o *Requiem* a ser executado

---

[61] N.E.: (1599–1658), militar e político britânico.
[62] N.E.: Médico, químico e fisiologista belga (1579–1644).
[63] N.E.: George Gordon Noel Byron, conhecido como Lord Byron (1788–1824), poeta britânico.
[64] N.E.: Wolfgang Amadeus Mozart (1756–1791), compositor austríaco.

nos funerais dele próprio, Mozart; Dostoievski,[65] um indiscutível expoente da literatura eslava; Alfred de Musset [66]e muitos outros, largamente estudados nos livros dos especialistas da Psiquiatria.

Influências bizarras, desse teor, sofreram vários vultos de saliente relevo, da estirpe de Voltaire,[67] Molière,[68] Montesquieu,[69] Malherbe,[70] Chateaubriand.[71]

Napoleão I[72] desesperava-se quando lhe acontecia quebrar um espelho; tinha pavor da sexta-feira e do número treze, e considerava fatídica a letra M. Sabe-se que acreditava na cartomancia e não desdenhava ouvir a sua pitonisa, Lenormant.

Émile Zola[73] receava ser malsucedido sempre que, ao sair para tratar de alguma coisa, não pisava fora da porta com o pé esquerdo; Eça de Queirós[74] tinha o cuidado de entrar nos prédios com o pé direito, e, quando lhe acontecia distrair-se, voltava à rua, reencetava a marcha, para pisar no portal, em primeiro, o pé direito.

---

[65] N.E.: Fiodor Mikhailovich Dostoievski (1821-1881), escritor russo.
[66] N.E.: Louis Charles Alfred de Musset (1810-1857), poeta francês.
[67] N.E.: François Marie Arouet, mais conhecido como Voltaire (1694-1778), foi escritor, ensaísta, deísta e filósofo iluminista francês.
[68] N.E.: Jean-Baptiste Poquelin, mais conhecido como Molière (1622-1673), dramaturgo francês, ator e encenador.
[69] N.E.: Charles-Louis de Secondatt, ou simplesmente Charles de Montesquieu, senhor de La Brède ou barão de Montesquieu (1689-1755), político, filósofo e escritor francês.
[70] N.E. François de Malherbe (1555-1628), poeta francês.
[71] N.E.: François René Auguste de Chateaubriand (1768-1848), também conhecido como visconde de Chateaubriand, escritor, ensaísta, diplomata e político francês.
[72] N.E.: Napoleão Bonaparte (1769-1821), imperador francês.
[73] N.E.: Escritor francês (1840-1902).
[74] N.E.: José Maria Eça de Queirós (1845-1900) foi um escritor português.

Newton,[75] Tasso,[76] Victor Hugo,[77] Donizetti,[78] Walter Scott,[79] toda uma legião de homens ilustres figura no catálogo dos loucos, maníacos, excêntricos, alucinados, apresentando exterioridades que os estudos médicos tomaram para seu domínio.

No entanto, foram apenas médiuns, dessa imensa classe de desconhecidos, cujos admiráveis trabalhos todos aplaudem, mas sem lhes admitir o intercâmbio com o mundo dos Espíritos imortais, desses de quem Auguste Comte[80] (também dos maiores obsidiados de gênio) disse, com inspiração interior: "Os vivos são sempre e cada vez mais governados pelos mortos".

Assinale-se que o Positivismo teve a sua influência na orientação de Humberto de Campos, na época em que leu os mestres do ateísmo, embora sem apreender toda a amplitude filosófica — acima das possibilidades de compreensão dos de rudimentar conhecimento científico.

E nessa milenária falange, que tem trazido às civilizações terrenas as luzes do seu incompreendido gênio, outros Espíritos existem, sem estigmas visíveis de mediunidade espetacular, mas ainda assim, cumprindo brilhante e fielmente os ditames da lei que impõe às consciências o resgate, por sofrimento idêntico, dos males causados em vidas anteriores.

Preparados espiritualmente para a provação de resgate escolhido, esses lutadores oferecem ao mundo dos contemporâneos o edificante exemplo de uma vida de trabalho, lutas e

---

[75] N.E.: Isaac Newton (1642–1727), físico e matemático inglês.
[76] N.E.: Torquato Tasso (1544–1595), poeta italiano.
[77] N.E.: Victor-Marie Hugo (1802–1885), poeta, dramaturgo, ensaísta, artista.
[78] N.E.: Domenico Gaetano Maria Donizetti (1797–1848) foi um compositor de óperas italiano.
[79] N.E.: Escritor escocês (1771–1832).
[80] N.E.: Isidore Auguste Marie François Xavier Comte (1798–1857), filósofo francês.

sofrimento, sempre uniforme na perseverança de enfrentar os óbices e realizar a tarefa.

Sob a pressão moral das desilusões e das dificuldades, gemendo embora sob o guante dos padecimentos, esses heróis anônimos da glória sofredora marcham sem recuos por entre as pesadas vagas de revoltos vendavais, bem à semelhança das invictas quilhas que cortam as encapeladas superfícies dos mares mais bravios.

Sol que a neblina esconde sob um manto de espessas nuvens, mas, ainda assim, foco de luz a irradiar claridades; Espírito constrito na mortalha tumular da Carne, mas, embora preso, a entoar os seus cantos de amor à liberdade.

Assim, Humberto de Campos, na singeleza de uma existência que foi de martírios e grandezas espirituais, ao termo da qual se pode constatar que o pedestal de glória que o sagrou não foi feito de mármores mundanos, mas de lágrimas cristalizadas no recôndito do seu coração angustiado, desde quando, órfão de pai, teve a infância obscura pontilhada de todas as despercebidas humilhações que a pobreza desfolha em pétalas de sarcasmo sobre a fronte dos deserdados da fortuna.

A sua resignação espontânea ante a fome e o frio não aquietava as fúrias do Destino, que o aguilhoava, num teimoso desafio à alma da criança — ainda incapaz de raciocinar sobre o porquê das desigualdades e injustiças sociais.

Só a ação misteriosa e recôndita do Espírito, forte no rumo futuro, poderá explicar a resistência a tantas amarguras.

É nesse drama silencioso, nesse abandono ao sofrimento, que se deve estudar a foz da verdade das reencarnações dos Espíritos, que vêm resgatar passados de agudas culpas.

Nascido em uma família dividida por malquerenças irremediáveis, coube-lhe o ramo dos pobres, que os do outro não ajudava.

Assim, teve margem para sofrer todas as provações duras e humilhantes, necessárias ao abatimento do orgulho, opulência e vaidade de vidas anteriores, quando possivelmente infligiu a outros as mesmas agruras que veio, em resgate, sofrer, por sua vez.

No íntimo, jazia a Alma corajosa de um grande homem, em novo embrião, mas, na sua infância terrivelmente travessa, podia ter ele resvalado para dentro do lodaçal dos vícios e dos crimes, em cujos beirais molhou a pontinha dos pés, na sua inexperiência garota e malvigiada.

Talvez houvesse vivido, inteligência de escol, com o enfatuado sibaritismo dos Medicis ou dos Farneses, nos fulgores finais da Renascença, dardejando, do alto da sua cultura profunda e sarcástica, as setas aceradas de sátiras ferozes e castigando sem emoção todos os revoltados das suas cruezas.

Por isso, quiçá, quando de novo afundou no esquecimento carnal de uma nova existência terrena (o Espírito vigilante no cumprimento da prova escolhida — dentro da lei de resgate — dente por dente, olho por olho), foi quase insensível às privações, e a sua inteligência não revelou a inata e vigorosa pujança que a Humberto de Campos — homem — mostraria, numa quase antítese do que fora na meninice.

Até mesmo no físico, talvez para impossibilitá-lo de reincidir em males que a beleza plástica facilita, ele trouxe um estigma curioso e inexplicável pelas desacreditadas teorias de hereditariedade.

Moreno, cabelo duro, de uma feiura que chamava atenção, grande boca com os dentes um tanto abrutalhados, o próprio Humberto de Campos estranhava e não definia esse capricho da natureza, pois na família predominava o sangue europeu.

Sua avó era clara, e sua mãe tinha o moreno característico das brancas nascidas em clima tórrido, qual o do Maranhão; seu pai era do tipo louro do norte-europeu, tipo que se notava em todos os irmãos Veras.

Procurando decifrar o enigma de tais anomalias, ele escreveu, longe de penetrar no fundamento verdadeiro das palavras: "Sou física, moral e intelectualmente o produto de quatro ou cinco famílias que o tempo e o meio vêm debilitando, e que se aclimatou, sem se integrar, no ambiente americano. Isso explica, talvez, as tendências disciplinadas e disciplinadoras do meu espírito, a minha paixão pela ordem clássica, e a feição puramente europeia do meu gosto. Tenho horror à insubmissão e à desordem que assinalam os homens cujos antepassados foram escravos. Vibram, automaticamente, no meu sangue e nos meus nervos, oito séculos de civilização.

São de Humberto de Campos ou do Espírito reencarnado as intuições de tais ideias reminiscentes?

O principal traço do seu Espírito, Humberto de Campos o sentia talvez na *perseverança* com que trilhava o caminho da vida, mesmo o da obscuridade, porque (a frase é sua) disse: "Gosto de subir, mas não gosto de mudar de escada".

Em verdade, a *perseverança* era apenas a resistência subconsciente do Espírito aos óbices — naquela altura da vida, amolgadores da Alma culpada e carecente das provações da miséria e da humilhação.

Bem menino ainda, longe de sua mãe, sofreu dores no corpo enfermo, passou fome, curtiu chuva e frio, teve por leito muitas vezes o chão duro e malforrado.

Empregado de comércio caipira, Humberto de Campos desempenhou misteres rudes e rasteiros, de vassoura na mão ou junto a tanques de lavar vasilhames, sempre identificado com as obrigações que achava naturais e compatíveis com a sua situação subalterna.

Nunca, em tal período de provação inicial da vida, aspirou — invejoso — às culminâncias dos contemporâneos; jamais acariciou realizações que lhe trouxessem aplausos e sagração; em oportunidade alguma fremiu pelas gloríolas de que teve notícia ou ideia, em ensaios de revolta contra a sua colocação na hierarquia social.

Nesse período (ele o diz em mais de uma parte de suas *Memórias*), a ambição só lhe soprou um sonho: ser sócio da casa comercial onde mourejava.

Foi o maior remígio daquela inteligência de ouro, que só o tempo faria polir, pelas mãos do Destino, para brilhar intensamente aos olhos das gerações do presente e do futuro.

Quando o seu horizonte intelectual se elasteceu rumo às leituras, os primeiros livros apetecidos não foram os da literatura propriamente dita, mas os que, inscientemente quiçá, lhe iam trazer alguma remota lembrança do passado, e entre esses a estafadíssima *História de Carlos Magno e dos doze pares de França*.

Leu mais tarde Coelho Neto,[81] que, com uma viagem à terra natal, acendera grandes entusiasmos em todo o Maranhão. Humberto de Campos partilhou do encantamento e decalcou até alguma débil produção retirada dos livros do festejado escritor; mas apagado o fervor, quando teve o primeiro contato com uma biblioteca pública, seu autor preferido foi o mesmo de Santos Dumont — em idêntica altura de idade: Júlio Verne.

Só alguns meses depois, levado por indicações que colheu em artigos que compunha na tipografia onde trabalhou, e também hauridas em palestras que ouviu, perdeu-se no labirinto de Max Nordau,[82] Ernst Haeckel,[83] Ludwig Büchner[84] e outros grão-mestres do materialismo científico, crítico e filosófico.

Bracejando dentro da treva ainda espessa que lhe sombreava o entendimento, ele buscou assimilar a álgebra da ciência que lhe vinha explicar os fenômenos da vida, a razão de ser de muitas coisas que o raciocínio não sabia enfrentar; procurou trazer do fundo do próprio *eu* a claridade que lhe iluminasse aquele ambiente de palavras meio hieroglíficas — destruidoras de todos os sentimentos religiosos e de todos os temores ditados pela intuição da ideia de Deus.

Lendo quanto lhe era possível, nunca teve ideia de vir a ser escritor. Nunca.

---

[81] N.E.: Maximiano Coelho Neto (1864–1934), escritor brasileiro.
[82] N.E.: Max Simon Nordau (1849–1923), escritor israelita de origem húngara.
[83] N.E.: Ernst Heinrich Haechel (1834–1919), naturalista alemão.
[84] N.E.: Médico e filósofo alemão (1824–1899).

Novas mensagens

Um livro de vulgarização da filosofia positivista trouxe ao seu entendimento um pouco de esperança na primazia do homem sobre todo o Universo, mas não lhe apagou o sentimento recôndito que vigiava pelos rumos definitivos, entretendo-o apenas com ideias provisórias, até que chegasse o tempo da ascensão da futura glória das letras pátrias.

E começou a luta de Humberto de Campos, a debater-se com ele próprio, para entender o negativismo dos materialistas.

Precisamente aí, esses líderes do Nada despertaram o adormecido passado cultural de Humberto de Campos, trazendo à tona do seu raciocínio consciente a avantajada bagagem de conhecimentos com que viajara através das vidas anteriores.

Agitando as fibras mais recônditas da sua Alma, e falando ao criticismo jacente no seu Espírito, tais autores fizeram o benefício de trazer-lhe a oportunidade de aquecer ao sol do livre-exame as velharias religiosas, salpicadas da ferrugem do passado e encharcadas pelo enxurro do ateísmo negador.

Humberto de Campos confessa que o esforço para compreender os transcendentes problemas versados por aqueles ateus eminentes ficava acima dos seus conhecimentos e da sua capacidade de assimilação.

E ficava sem destrinçar o porquê de alguns fenômenos, ainda que contente com a liberdade aparente que as doutrinas negadoras lhe haviam proporcionado.

Criado à solta, num vilarejo de acanhados limites, o menino Humberto aprendeu todas as maldades garotas que na sua idade dão a medida de uma índole má; vivendo em lar onde não havia homens e onde contava com o imenso amor que lhe votava sua mãe; ligado a outros criançolas vadios, que viviam de traquinadas perversas, e mesmo a adultos de ímpetos facinorosos; Humberto aprendeu também uma linguagem imunda de que se servia, nas repetidas explosões de cólera infantil, apesar dos castigos rigorosos recebidos das mãos maternas.

Por isso, tinha ele um vago receio dos castigos com que os preceitos religiosos ameaçavam os filhos desobedientes, os autores de atos perversos; mas, quando o materialismo quebrou em seu entendimento ainda rudimentar a ideia de Deus, de uma outra vida de reparação e arrependimento — exultou e sentiu-se mais à vontade na intenção de praticar coisas piores, uma vez que o Nada da morte tudo apagaria.

No entanto, algo velava pela responsabilidade futura do seu próprio Espírito.

A seus olhos veio a leitura de Samuel Smiles, o autor dos livros mais sadios que se possam exigir para formação do caráter e disciplina da atividade.

Recebendo indelével impressão dos profundos ensinamentos morais que neles se encontram, fez desses livros seus verdadeiros mestres e seus defensores no júri espiritual onde seriam julgados os criminosos princípios do ateísmo, homicidas da sua ingênua crença de adolescente.

Segundo Max Nordau (Humberto o lembra), a memória, isto é, a repetição de um determinado pensamento era consequência de movimentos sanguíneos acionando células cerebrais; no entanto (raciocínio de Humberto), o gramofone — simples máquina — repetia mais do que o pensamento, a voz humana, sem intervenção de neurônios e das cordas vocais.

Era a prova de que, dentro do anão humano dos livros, havia o hércules do subconsciente: o Espírito.

E, assim, por entre essas crises de espiritualidade que lhe assaltaram a alma aos três lustros de existência, sentindo em choque constante, no subconsciente, as leituras que fizera (Büchner e Smiles, Comte e Coelho Neto), o futuro escritor — glória das letras brasileiras — foi emergindo de si próprio, aprimorando sua cultura, sem recursos pecuniários, nem possibilidades que lhe permitissem aspirar a um diploma de doutor das academias científicas.

E afinal venceu, porque trabalhou, sentiu a verdade dentro das lutas, auscultou a predestinação das criaturas no cenário das realidades, e só não viu através da cortina da Dúvida porque lhe faltou coragem para levantá-la e espiar no além da vida terrena.

Trabalhou, subindo os grandes rios amazônicos até as regiões ingratas dos seringais, onde as febres se embocam em remansos paludosos; auscultou a predestinação das criaturas, observando a triste condição dos servos daquelas glebas, verdadeiros escravos na terra da liberdade maior; contemplou o cenário das realidades, constatando o contraste entre o sacrificado extrator do látex precioso, sempre pobre, anônimo, febricitante de paludismo, preso ao patrão-senhor — e o ricaço que, nas capitais, frui o sangue, a vida, a tristeza, as lágrimas, as desesperanças daqueles párias, mudadas no conforto dos palacetes e nas alegrias do vinho de luxo, existências consumidas e transformadas em ouro para enfeite das verdes flanelas que forram as mesas de jogatina nos cassinos elegantes.

E só não viu além das fronteiras da vida, porque não testemunhou — *de visu* — o sofrimento castigador que tritura, no remorso e no desespero, os Espíritos culpados, nos insondáveis arcanos das consciências, na Terra e no Espaço.

Mas não foi perdido o fruto de tais observações. Ele escreveu para a imprensa emocionadas páginas de narração e defesa, sobre a situação humilhante e sacrificada daquela gente, novos calcetas do trabalho forçado.

Foi o primeiro traço que o indicou à notoriedade entre os homens que escrevem para o público, embora ele (que jamais pensava em ser escritor) houvesse cogitado apenas em protestar contra o regime cruel dos seringueiros e pedir para isso a ação do governo.

Ingressando, a seu tempo, na aristocracia do jornalismo que vicejou nas terras da Amazônia, na época de Eliseu César, Dias Fernandes,[85] Paulo Maranhão[86] e tantos outros, ali seu Espírito reconstituiu decerto muitos quadros das existências anteriores, quando

---
[85] N.E.: Carlos Augusto Furtado de Mendonça Dias Fernandes (1874–1942), escritor brasileiro.
[86] N.E.: Jornalista brasileiro (1812–1966).

estudou os costumes quixotescamente pródigos dos tabaréus enriquecidos nos seringais, e observou o luxo importado da Europa pelos magnatas da política e do dinheiro.

Foi nesse período, de primeiras alternativas, quando ainda escrevia nas colunas da oposição, que completou talvez o derradeiro estágio preliminar da sua ressurreição intelectual, antes de tornar-se, ali e na metrópole brasileira, um dos altos expoentes dos talentos literários do seu tempo, como que a documentar que o valor das inteligências é interior e independe de grande saber e de grandes ambientes sociais preparatórios.

Quiçá, por força de tal disposição inata, Humberto de Campos disse do seu feitio: "Não gostava de estudar, mas gostava de ler."

Iniciando sua vida de plumitivo, Humberto de Campos revelou ser um grande e elegante psicólogo, que sabia mesclar a um incidente banal da vida cotidiana o comentário erudito, cheio de observação e filosofia, exteriorizando um Espírito seguro dos seus pontos de vista.

Mas onde haurira esse aticismo, aquela ironia finamente sarcástica com que pontilhava as referências aos ridículos de todo gênero?

Quem lhe deu, no ambiente plebeu da matutada que fingia de elegante e culta, o dom de altear-se — sem mestres — às culminâncias de crítico simpático ou justo, bitolando o perfeito e o censurável nas medidas exatas da verdade?

Amadurecendo seu entendimento num meio infestado de adventícios, para os quais a *Canção do aventureiro* (do *Guarani*, de Carlos Gomes)[87] poderia servir de primeiro versículo de *Gênesis* da sua *Bíblia*, Humberto de Campos subiu para os minaretes do bom senso, ao invés de descer a escadinha que conduz à piscina de lodo na qual se banham as consciências sem escrúpulo.

---

[87] N.E.: Antônio Carlos Gomes (1836–1896), compositor e regente brasileiro. Sua música alcançou projeção internacional. *O guarani*, 1870; *Colombo*, 1892.

Viu decerto muita vez o ricaço pachola, para acender o charuto, tirar do combustor de gás a chama com uma cédula de quinhentos mil réis...

E então observou serenamente, sem a invejosa revolta que faz de cada fracassado um socialista — noivo do Comunismo —, todas as contingências inelutáveis das sociedades, e tirou as equilibradas conclusões da "harmonia dentro das desigualdades" que lhe nortearam a existência de homem pobre e trabalhador incansável.

Compreendeu que a vida se rege por uma série de leis naturais que ninguém pode modificar, e que as coletividades se governam pelas convenções que consultam os interesses dos mais fortes.

Respeitar essas leis e essas convenções, eis a maneira de o indivíduo entrar e vencer na harmonia da vida comum.

Só com a sua inteligência estelar, com o altivo desejo de trabalhar pelo pão de cada dia, dentro da Lei Divina que para isso impôs o "suor do rosto" aos Espíritos culpados, Humberto de Campos, com a mesma pena, feita de *perseverança*, escreveu o nome na lista dos parlamentares da Câmara dos Deputados e o inscreveu também na elegante imortalidade da Academia Brasileira de Letras.

Servido por um talento, que era brilhante do mais alto quilate, tanto fulgia à luz solar, nas primorosas crônicas de comentário elegante, quanto fulgurava à brancura lunar, nas facécias salgadas que era preciso esconder nas sombras da noite, para que não se visse o rubor que acendiam, equações de riso — simbolizadas algebricamente por XX...

Para não acotovelar concorrentes, subiu pelo meio da escada, deixando os corrimãos aos trôpegos, e assim venceu sem polêmicas, sem invejar ninguém, sem o cabotinismo de bater aplausos à frente dele próprio, sem conduzir no bolso vidros de pó dourado para derramar sobre os tamancos da fatuidade endinheirada, novo engraxate a polir de lisonja os coturnos dos que dão boa gorjeta.

É que naquele engenho cerebral só se produzia o mel alvejável que açucara as emoções das sãs leituras, e nunca a bagaceira que embriaga de sentimentos malsãos as mentes afeitas a beber nos livros e jornais o aperitivo com que aguçam o apetite para os banquetes infernais da intolerância política ou religiosa.

É preciso admitir a predestinação do Espírito — na escolha das provações — para compreender *por que* Humberto de Campos não se atolou nas corruptelas, transigindo, venalizando-se para nadar em conforto e banhar-se de luxos requintados nas praias e cassinos.

Desde antes de ingressar na imprensa carioca, ainda na Amazônia, os seus escritos mostram uma conceituação filosófica que não teve tempo de aprender nos compêndios tabaréus do interior nortista, nem no rápido estágio do periodismo local.

Naquele cenáculo de talentos que fulguram na *Província do Pará*, não havia lugar para tatibitates primários nem professores para ensinar o abecê do jornalismo a matutos de boa vontade.

Humberto de Campos teve contato com os governantes dali, secretariou o árbitro da política paraense, o então indiscutível Antônio Lemos,[88] teve nas mãos todas as oportunidades para fazer negócios e amealhar fortuna; mas quando tudo mudou, e a turba apedrejou os ídolos da véspera, desmoronando os templos da antiga devoção, a Humberto de Campos, de quanto lhe viera para os bens patrimoniais, só lhe ficara a sua pena de ouro, com a qual escrevia — molhando-a às escondidas no próprio coração.

Foi com esse cabedal (verdadeiro tesouro, decerto, para quem o sabe movimentar) que chegou ao Rio de Janeiro, onde venceu pelos fulgores de um Espírito que ressurgia para a vida intelectual, trazendo nos baús do subconsciente a indumentária completa para os grandes festins da inteligência.

Percorrendo-se as crônicas de Humberto de Campos, nota-se o estranho consórcio de uma filosofia profundamente erudita e sintética, de cunho espiritualista, com uns laivos esporádicos

---

[88] N.E.: Antônio José de Lemos (1843–1913), político e intendente brasileiro.

e típicos, daquele naturalismo que fez certa fama do teatro grego — tão flagrante na *Lisístrata*, de Aristófanes...[89] E quando escreveu naturalismo algo mais cru, talvez fosse para dar ao bolso malprovido a moeda devida ao merceeiro...

Cioso do seu cabedal, o Espírito Humberto de Campos não se banalizou nas arremetidas boêmias contra a garrafeira dos botequins afidalgados ou não, ou para cortejar a popularidades, a espalhar ditos, em pílulas de galhofa, para gáudio da gente que ama e cultiva a pornografia.

Sem empáfias de senhor das letras, sem impingir-se — à força de dizer: aqui estou eu! —, a glória literária lhe chegou às portas do lar e lhe deu ingresso para o panteão dos verdadeiros imortais.

Não adulou governos, nem deitou a tarrafa do elogio venal, para pescar o peixe vitalício de boa sinecura burocrática.

Agradou, é certo, alguns políticos e literatos; mas o fez com a linguagem carinhosa de amigo, e não com a reverência do cortejador que se percebe estar semeando — para colher mais tarde...

Esmerilhando-se particularidades da vida do grande escritor, possivelmente se lhe notarão jaças no diamante do seu caráter; mas é preciso compreender Humberto de Campos em toda a extensão da sua personalidade espiritual, frisando as condições especialíssimas que assinalam os responsáveis por grandes culpas do passado, quando reencarnam para uma vida de resgate.

Sempre tocados de mediunidade, esses Espíritos são acessíveis a influências e arrastamentos ligados às afinidades das existências anteriores, e, por isso, têm atitudes bem díspares — nem sempre explicáveis dentro do padrão de conduta ou das exigências das condições sociais do indivíduo.

Também é mister atentar para o profundo pessimismo que a vida de Humberto de Campos armazenou durante a estada

---

[89] N.E.: Poeta cômico grego (c. 450–388 a.C.). Escreveu cerca de 40 comédias, a maior parte das quais só nos é conhecida por meio de fragmentos.

no norte do Brasil, onde os costumes obedeciam a usos e necessidades locais.

Educado na pobreza descuidada e desprovida de tudo que alicerça um bom início de vida, ele, pobre garoto — cuja riqueza única foi o imenso amor que sua mãe lhe consagrou —, vicejou isolado, com o estigma da feiura plástica que o tornara desconfiado e arredio, sem exemplos de moral sadia(inclusive em parentes — de família à margem da lei); ele não teve, na sociedade mais alta em que ingressou, exemplos fortemente sãos, nobilitantes, elevados, que lhe apagassem as indeléveis impressões que armazenara na memória.

Bem ao contrário, o espetáculo que se lhe apresentou foi o de uma turba que se entredevorava, na ânsia de ganhar dinheiro, na febre do *encilhamento da borracha*,[90] sem escrúpulo no sacrifício dos seus semelhantes, tripudiando — impunes — sobre as mais comezinhas leis de humanidade.

Por outro lado, gozadores indiferentes aos males alheios, em orgias permanentes de gastar dinheiro, tomando coquetéis de champanha, espojavam-se nos vícios do jogo e da sensualidade, sem que represália alguma lhes viesse sobre o egoísmo empedernido.

Sem fé, tendo atravessado o mar da Dúvida, sem conseguir atinar com o porto da Certeza, seu espírito religioso ficou, após o insucesso da viagem, bordejando nas águas mornas da Indiferença.

Por isso, quando ingressou num ambiente e numa situação para os quais não estava preparado, o *homem* nem sempre teve a firmeza que o *Espírito* guardou no rumo.

E também por isso, talvez, quando as glorificações lhe chegaram, não teve a alegria de viver, porque, desde então, muito lutou e muito sofreu, presa de um mal terrível que lhe atormentava o corpo, permitindo-lhe, às vezes, sonos de uma hora apenas, deixando-lhe só a lucidez para medir a extensão do seu drama, vendo-se — ele — o festejado literato predileto

---

[90] N.E.: Movimento incomum de especulação na Bolsa que ocorreu durante o começo da República, de que resultaram transtornos econômicos de toda ordem.

da época, acorrentado pela Dor, enquanto os medíocres, os rimadores das favelas e das silabadas matutas palmilhavam livremente as avenidas...

Conduzido por invisíveis mãos protetoras e amigas, chegou ao pináculo de uma vida, que devia terminar cedo, oferecendo a eloquente lição sintetizada na sua existência de sagração e amargura, fundidas num vinho fascinante de perfume, mas terrivelmente amargo de tragar.

E a santificar e a explicar o calvário da sua reencarnação — ei-lo formidavelmente resignado, mostrando o Espírito, enriquecido no passado, a sofrer todas as penúrias no resgate das culpas, a lutar heroicamente até ao final.

Sem isso, a sua reencarnação teria sido inócua, quase estéril, talvez em pura perda, valendo por uma estagnação temporária na ascese para estágios de mais alta perfeição.

O seu fim, de torturas, é a tinta forte a ressaltar o fundo do quadro: o palácio da Glória, a cuja porta a Morte o espera com o seu fatal amplexo.

E até essa esplêndida vivenda, na qual também vive a Fama com as suas tubas de ouro, ele chegou sem perder o trilho.

Infante, correu sérios riscos de mergulhar no nomadismo parasita, desajudado que foi de qualquer educação vigiada e eficientemente moralizadora; moço, caiu num ambiente em que as seduções fascinam e subjugam em múltiplas volúpias, e no qual se aprende no bilhar do fingimento as carambolas dos amores ilícitos, no pôquer da vida a blefar os incautos, na Bolsa dos desonestos a impingir apólices que representam contos do vigário.

Depois, chegando mais alto, se se dobrasse às tentações da situação reinante, teria metido fundo as mãos nos cofres dos favores públicos, tirando de lá aquela farta côdea de pão desavergonhado que dá para sustento durante um bom resto de existência; se obedecesse aos acenos da cobiça e da inveja, Humberto de Campos teria sido um desses *socialeiros* disfarçados, que gritam contra as injustiças sociais, achando as riquezas e bens maldivididos — só porque não lhes está nas unhas sujas um bom quinhão de dinheiro e de honrarias.

Guardado, porém, pelos invisíveis Amigos que o confortaram e lhe estenderam mãos compassivas, ele viveu — homem do seu tempo, sem laivos angélicos — uma existência útil de bom brasileiro, que enriqueceu o patrimônio literário da sua terra, pagando o pesado tributo lançado sobre as grandes inteligências — quase sempre em conta corrente devedora no Passado.

Sem resignação para sofrer, teria fugido ao cárcere da Dor, pulando a janela do suicídio, mesmo indiretamente, enfiando-se na vida meio inconsciente dos *boêmios* que não se respeitam e preferem mostrar-se em público quando a polícia está cochilando de cansaço nas rondas.

Seus escritos não têm jeremiadas[91] de injustiçado da Fortuna, e, na medida da sua beleza e da sua forma erudita e adequada, guardam a linha reta que vai do Humberto de Campos moço, festejado e próspero ao Humberto de Campos enfermo, atormentado de sofrimento e de responsabilidades pecuniárias, que o seu cérebro media e provia cotidianamente.

Trabalhando até as vésperas de baquear sob a ininterrupta agrura de um mal progressivamente doloroso, ele ficou, sem orgulho, mas altivo, esperando que a Morte lhe viesse arrancar das mãos a pena incansável no ganho honesto do pão cotidiano.

A sua coragem na luta pela vida não teve crises de anemia.

Seu Espírito trouxe reservas de resistências, e com esse mealheiro atravessou reveses tremendos, sem choramingar a piedade humilhante de quem quer que seja.

Muitas vezes, quando fazia pender a fronte exausta sobre as mãos, terá tido, possivelmente, a visão indecisa de um amigo imponderável a encorajá-lo a suportar impávido todas as amarguras,

---

[91] N.E.: Lamentação insistente, importuna, vã; lamúria.

sem blasfêmias, sem murros de revolta sobre a mesa de labor, que os seus olhos, semifechados pela moléstia, cada vez menos divisavam.

E assim misteriosamente confortado, Humberto de Campos oferecia a surpreendente aparência de uma criatura que, durante a noite, tomava injeções de dores, para, durante o dia, sentir-se mais forte na resistência ao sofrimento.

Certo, ele se considerava um enterrado vivo; mas, nesse mesmo paralelo, mostrava a quietude dos mortos — que jamais podem protestar contra o domínio férreo do silêncio e contra o reino perpétuo da treva que soberanos são das sepulturas.

Se escrevia chorando, as lágrimas eram transformadas na tinta melancólica e emocionante que emprestava às palavras uma ressonância de poesia dolorida, de místicas melodias vibradas de alma para outras almas gêmeas, num mistério indefinível de piedade e dor. E quando as mãos ancilosadas pela intumescência mórbida só lhe permitiam o trabalho em máquina de escrever, ainda o misterioso elo parecia transmitir aos corações dos leitores as pancadas do teclado, levando em cada letra um soluço do cruciado Humberto de Campos — que com esses soluços gravados no papel oferecia ao mundo os seus derradeiros poemas de amargura e resignação.

Nem mesmo a doçura suavíssima da crença religiosa atenuava o drama silencioso daquele esboroar de corpo heroico, talvez para que não parecesse ser a sua conformação ao sofrimento a simples consequência de autossugestão inibitória, de misticismo fanático a galvanizar-lhe a alma na resistência à dor física.

E isso ainda mais agrada a delicadeza, triste e resignada, com que agradecia as manifestações de simpatia recebidas, olhando com a tolerância de um apóstolo de brandura os testemunhos da alheia fé.

Já em 1933, nas colunas de um dos nossos prediletos jornais, o *Diário Carioca*, Humberto de Campos deixava este lapidar e eloquente documento de terna e comovida simplicidade:

Uma das últimas publicações que fiz nesta folha, antes que a gripe me pusesse *knock-out*,[92] constou apenas da transcrição de alguns trechos do meu "Diário", relativos a dois meses de 1931, e teve, mesmo, como título, "Diário de um enterrado vivo". Gritos de alma, gestos surdos de um coração no fundo de uma existência calada. Agonia ignorada de todo o mundo. Pedidos de socorro... levantados num subterrâneo deserto. Gemidos, enfim, de um homem que se habituou a gemer com os lençóis na boca, afogando-se a si próprio, para não perturbar o sono do seu vizinho.

A denúncia imprudente desse sofrimento, agora, encontrou, todavia, repercussão em algumas almas caridosas. Dez ou doze cartas me vieram às mãos, trazendo, cada qual, uma palavra de solidariedade e de conforto. Pessoas que jamais vi, corações que jamais palpitaram nas proximidades do meu, deixaram os seus cuidados cotidianos, gastaram o níquel do seu pão ou do seu cigarro no selo da franquia postal, e enviaram ao trabalhador ferido e pobre o remédio que lhe podiam dar.

"Estou às suas ordens", dizem alguns dos missivistas; "estou pronto para, sem nenhuma retribuição, ser o seu datilógrafo, e fixar o seu pensamento, quando lhe faltar de todo a luz dos olhos!"

"Continue essa admirável lição de coragem, recebendo de cabeça erguida a sentença do Destino!", incentivam-me outros.

E outros, ainda:

"Volte-se para Deus; prepare a sua morte com a sabedoria cristã que a Misericórdia Divina lhe forneceu e que não soube utilizar na edificação da sua vida. Aproveite a luz que

---

[92] N.E.: Nocaute.

bruxuleia no fundo do seu espírito, e peça à Igreja o consolo que o mundo lhe nega."

Três desses missivistas, compadecidos, me apontam, porém, para chegar à presença de Deus, e obter aqui mesmo na Terra as suas graças, outro caminho: são almas caridosas que me desejam ver não livre dos tormentos do Inferno na outra vida, mas da cegueira completa, que continua a processar--se, aqui mesmo, neste mundo. E os signatários, que revelam todos, além de bondade de coração, cultura de espírito, me dizem, com insistência afetuosa:

"Por que não tenta o Espiritismo? Por que, se a Ciência dos homens lhe tirou a esperança, não tenta o sobrenatural? Não precisa crer; ninguém exige a sua adesão; mande consultar um 'médium', siga as prescrições que ele lhe der, e espere. Não precisa fé. A bondade de Deus é para todos os seus filhos. O senhor pode receber a parte do Filho Pródigo."

Ante essas manifestações de interesse pela sorte de um humilde escritor doente, é natural que esse escritor demonstre a esses amigos generosos e desconhecidos que não é por orgulho, ou por intolerância filosófica ou religiosa, que ainda se não curou. Não foi o enfermo que recusou os recursos da medicina sobrenatural: foi a farmácia prodigiosa e invisível que se fechou diante dele. E como todos os acontecimentos da minha vida constam do "Diário" que ainda agora determina esta explicação pública, limito-me, para este esclarecimento, à cópia de duas páginas desse livro íntimo. Ei-las:

Domingo, 14 de agosto de 1932. — Há um mês, mais ou menos, Mme. F., proprietária da pensão em que atualmente resido, perguntou-me se acreditava no Espiritismo. Respondi-lhe com um gesto vago, mas em que havia mais negativa do que afirmação.

— Eu também não creio — respondeu-me —, mas tais são as coisas que tenho visto, e tantas as curas por Espiritismo, que fico na dúvida, sem saber o que pense a respeito.

E conta-me o seu caso, e o caso de amigas e conhecidas suas, cujas enfermidades foram diagnosticadas, e curadas com receitas fornecidas pelos "médiuns", os quais chegaram a corrigir, algumas vezes, médicos ilustres anteriormente consultados. E conclui:

— Por que o senhor não experimenta o Espiritismo? Se o senhor quiser, ponha o seu nome, a sua idade e a sua residência em um papelzinho, que eu dou a meu marido e ele faz a consulta.

Dou-lhe a papeleta, com essas informações pessoais. E esgota-se a primeira semana. Decorre a segunda. Termina a terceira. E não me lembrava mais do caso, quando, esta manhã, Mme. F., empurrando levemente a porta do gabinete, onde eu escrevia tranquilamente, pediu licença e, entrando, encostou-se à mesa.

— O senhor deve estar aborrecido comigo e com F. — começa, ao mesmo tempo que calça as luvas, pois que vai sair para a reunião dominical da sua igreja protestante —; mas meu marido não se esqueceu do negócio do Espiritismo... Ele está é embaraçado para lhe dar a resposta... O senhor é, porém, um homem superior, e não ignora a gravidade da sua doença. De modo que eu achei melhor vir lhe dizer logo a verdade.

Toma fôlego. Desabotoa as luvas. Abotoa-as novamente. Continua:

— F... (o marido) foi a duas sessões de Espiritismo, e tanto numa como na outra, com dois "médiuns", que não conheciam um a resposta do outro, o resultado foi o mesmo: isto é, que o senhor está muito doente e pode morrer de um momento para outro; de modo que nem vale a pena receitar... Os espíritos acrescentam que o senhor abusa muito da sua saúde, mas que o médico que o senhor tem é muito bom...

E notando, parece, em mim, o efeito da notícia:

— É possível, porém, que isso não seja verdade... No meu caso ele acertou... No de S... também, e em todos os outros... Mas no do senhor pode não dar certo... De qualquer modo, o senhor é um espírito forte, e é melhor estar prevenido...

Um frio irresistível me corre pela espinha. Agradeço a informação, simulando serenidade, e Mme. F. retira-se. O coração bate-me, descompassado. Tenho a impressão de que vou desfalecer. Ponho-me de pé, buscando respirar com força. Deito-me. Levanto-me. Passeio pelas duas salas desertas, atônito, o pensamento em desgoverno, como quem acaba de receber uma violenta pancada no crânio.

Afinal, eu creio ou não creio?

Aí está uma explicação, sincera, leal, aos espíritas que me escrevem, interessando-se pela minha saúde. Bati, embora sem fé, ou mandei bater por mão alheia, à porta em que todos recebem esperanças e consolação. E o que de lá me veio foi, ainda, como veem, a desilusão e a Dor...

Hoje, quantos têm entendimento de entender, podem constatar que o grande e querido escritor — chamado, na Terra, Humberto de Campos —, nunca esteve abandonado daqueles seres que aparecem aos olhos do vulgo insciente como constituindo o *sobrenatural*.

As mensagens do Espírito de Humberto de Campos identificam, pelo texto e pela mesma vibração de beleza das do

Humberto de Campos — homem, a continuação da vida intelectual, deste, naquele.

Se às horas do sofrimento do corpo não veio o remédio material, descia de lá a aura de coragem resignada para balsamizar a provação do Espírito na subida do seu calvário, até que chegasse o momento do testemunho.

E o testemunho aí está reiterado em páginas de encanto e ensinamento, a caminho de uma biblioteca, a que ficará ligado também o espírito meigo e sensibilíssimo do médium Francisco Cândido Xavier.

Do fundo da minha humildade absoluta, não tenho autoridade para pedir coisa alguma a esses gigantes do Espiritualismo, no qual milita um *Emmanuel* e em que já fulge Humberto de Campos; mas, apesar disso, tenho o desejo de suplicar que sobre a Alma de cada um dos leitores de tais mensagens desça a luz da crença, ou, quando menos, uma sensação de bênção, de paz, de conforto, de esperança serena, de confiança no futuro, num propósito de melhores sentimentos, a *paz da consciência*, tudo para maior glória do Espírito de Humberto de Campos, na verdadeira glória da VIDA ETERNA!

Almerindo Martins de Castro

Anexo 2
Francisco Cândido Xavier

Agora que a produção literária mediúnica, veiculada pelo lápis de Francisco Cândido Xavier, conquistou o respeito de eminentes vultos das nossas letras, inclusive o maior dos críticos brasileiros, Agripino Grieco, cabe aqui um despretensioso, mas sincero apelo a todas as almas bem-formadas que hajam percorrido as páginas de tais trabalhos, no sentido de não acolherem as injustíssimas suspeitas que pessoas menos tolerantes atiram sobre os sentimentos e a honorabilidade intelectual daquele médium.

A palavra Espiritismo não deve constituir motivo de anátema, por isso que não retira da criatura a condição de filho e crente no mesmo Deus supremo das religiões. A faculdade mediúnica não é um característico de seita religiosa, que inscreve a criatura no rol dos espíritas ou na nomenclatura dos epilépticos.

Dom indefinido ainda, porque só se lhe conhecem os efeitos, com ele vêm à vida terrena seres que adotam na maturidade ideias diversíssimas em matéria de crença, sem que esses antagonismos — meramente individuais — alterem no mínimo a dita faculdade espiritual.

Manifestações mediúnicas têm sido observadas em pessoas inteiramente alheias à doutrina codificada por Allan Kardec, sem distinção de credo ou idade.

Eloquente exemplo — pelo valor da insuspeição — é o de Pio IX, o glorioso pontífice a cuja envergadura política se deve a honrosa atitude da Igreja Romana, quando vencida e despojada do Poder Temporal pelos heróis da unificação italiana.

Pio IX (Veja-se o livro de Villefranche, *Pio IX*, Lisboa, 1877, cap. 1) foi médium, cuja impulsividade característica está estampada em muitos dos incidentes da sua vida.

Ao sair da infância, começaram as primeiras manifestações da sua mediunidade, sendo tomado pelos Espíritos, de modo a alarmar a família.

Entregue aos cuidados médicos, estes diagnosticaram a indefectível... Epilepsia, declarando-o incurável. Valeu-o a dedicação ilimitada de sua extremosa genitora, que, à força de orações e cuidados de toda ordem, conseguiu atenuar a ação dos Espíritos, permitindo que o futuro pontífice pudesse ingressar na carreira eclesiástica, na qual contaria com a proteção do seu parente Pio VII, então ocupante do Vaticano, apesar do exílio a que o obrigara a violência de Napoleão I.

Entretanto, apesar da atenuação das influências dos Espíritos, o então padre Giovanni Maria Mastai Ferretti[93] ainda era sujeito a manifestações mediúnicas, razão por que só lhe era permitido celebrar missa acompanhado por outro sacerdote, possivelmente na previsão de que fosse acometido de intempestivo transe mediúnico, isto é, "ataque epiléptico", que viesse interromper a cerimônia. Nada impediu, no entanto, que fosse um homem lúcido e culto, um grande pontífice, mesmo dentro da condição de médium.

Outro exemplo — de igual relevo na insuspeição — é o de William Stainton Moses, notável pastor protestante que foi

---

[93] N.E.: Papa Pio IX (1792–1878).

um robusto e fecundo talento, aliado a invulgar integridade de caráter, qualidades que demonstrou desde os bancos colegiais e lhe deram excepcional prestígio em todos os postos que ocupou, tanto nos curatos, quanto no magistério.

Abandonando as atividades habituais, por motivo de saúde, teve a atenção despertada por pessoas amigas para os fenômenos chamados espiritualistas e, buscando estudá-los, a pedido de uma dessas pessoas, as suas próprias faculdades mediúnicas despertaram, em razão do que recebeu, psicograficamente, notabilíssimas mensagens (reunidas no volume *Ensinos espiritualistas*).

Dotado de sólida instrução, conhecendo a *Bíblia* e a Teologia luterana proficientemente, Stainton Moses não se deixou vencer pelas primeiras manifestações dos Espíritos.

Bem ao contrário, ele debateu o assunto com a erudição e amplitude que seus cabedais permitiam, elucidando sob o ponto de vista filosófico todos os antagonismos surgidos entre a Doutrina dos Espíritos e os preconceitos de que partilhava, aprendidos na hermenêutica exegética dos teólogos mais eminentes.

Recebendo cada uma das mensagens doutrinárias, Stainton Moses opunha, mentalmente, argumentos sólidos contra esses ensinamentos; mas, tão depressa os formulava, o Espírito manifestante dava, pelo lápis do próprio Moses, a resposta categórica, erudita, irrespondível.

Embora dotado de tão prodigiosa quanto incompreendida faculdade, Stainton Moses não perdeu a personalidade de homem, e muito se fez querido e útil, pelos grandes e meritórios atos de altruísmo que praticou, socorrendo e ajudando espiritual e materialmente quantos recorriam à sua beneficência e aos seus conselhos de sadia moral, e ainda fundando várias instituições (a *Aliança Espiritualista de Londres* é de sua criação) que tiveram grande destaque nos trabalhos e estudos levados a efeito.

Assim, em todos os casos de mediunidade, o indivíduo não dissolve a sua própria personalidade, exerça ou não ostensivamente, conheça ou ignore o dom de que é possuidor.

Grandes vultos da Ciência, da Literatura e da política têm sido dotados da faculdade mediúnica, e, embora não a empregassem no sentido religioso, na comunicação afetuosa com os Espíritos, dentro das normas da Caridade cristã — nem por isso deixaram de apresentar os nítidos traços de qualidades excepcionais, acima do comum das criaturas.

Joaquim Murtinho, a iluminada cerebração que o Brasil ainda não soube admirar nos seus justos termos, foi médium, e dos mais notáveis, porque, dispondo de cultura profundíssima, teve ensejo de servir particularmente a muitos milhares de enfermos e coletivamente ao Brasil — àqueles curando-lhes as enfermidades, à pátria injetando sangue novo nas artérias anêmicas da circulação fiduciária — quando geriu de forma inigualada a pasta das finanças nacionais.

Médico, legou valioso cabedal à Homeopatia; economista, descobriu a fórmula do nosso mercado cambial.

Suas curas ficaram célebres, e seu nome se tornou conhecido em todos os centros médicos do mundo, nos quais chegaram notícias dos diagnósticos videntes que formulava sem a menor dificuldade.

Seus dedos, maravilhosamente dotados, levavam fluidos curadores aos organismos enfermos, e muitas vezes o doente sorria aliviado, com essa simples auscultação digital de prodigioso efeito.

Seu olhar e sua palavra tinham o magnetismo misterioso, típico da mediunidade; aquele possuía irresistível poder magnético; a sua voz o dom de infundir confiança.

No entanto, o grande patrício não deixou de viver a sua existência bem humana, sem laivos de santidade, de sectarismo ou de sintomas de alucinações epilépticas.

Assim também passaram, mediunicamente desconhecidos, Quintino Bocaiuva,[94] Nilo Peçanha,[95] Olavo Bilac,[96] Coelho Neto, Machado de Assis,[97] e tantos outros, que haviam trazido para a vida terreal esse dom divino, que constitui o verdadeiro elo entre a Terra e o Infinito.

E, no entanto, quanto sofreram, isoladamente, no quadro de suas condições individuais, no corpo e na alma, talvez porque não conheceram as leis da mediunidade?

Francisco Cândido Xavier é um Espírito reencarnado para a grande missão de espargir as luzes da Verdade universal, sob a égide protetora e vigilante de verdadeiros amigos, missionários da nova catequese nas terras de Santa Cruz.

Surgindo em modesto recanto de Minas Gerais, em Pedro Leopoldo, assim o foi para que a humildade lhe selasse o passaporte de entrada na existência humana, e, assim, obscura a sua personalidade, servisse melhor para exteriorizar as rutilâncias do que recebesse do Além.

Fracamente instruído, pois as escolas de uma vila não podem ensinar senão coisas elementares, nunca lhe foi dado sair dali para frequentar cursos secundários e superiores — tudo para que não pudesse colaborar com os seus conhecimentos nas formidáveis produções escritas pelo seu lápis — com a genialidade dos Espíritos.

Começando a trabalhar nos rudes misteres de empregado de armazém típica e rusticamente matuto, assim devia ser, para que a sua personalidade não conhecesse nem afeiçoasse dissolventes encantos dos magazines das metrópoles.

---

[94] N.E.: Quintino Antônio Ferreira de Souza Bocaiuva (1836–1912), escritor, jornalista e político brasileiro.
[95] N.E.: Nilo Procópio Peçanha (1867–1924), político brasileiro. Vice-presidente da república (1906–1910).
[96] N.E.: Olavo Brás Martins dos Guimarães Bilac (1865–1918), poeta parnasiano brasileiro.
[97] N.E.: Joaquim Maria Machado de Assis (1839–1908), escritor brasileiro.

Ligado a uma família paupérrima, e relativamente numerosa, que era mister ajudar no ganho do pão cotidiano, Francisco Cândido Xavier não teve tempo de pensar nas coisas tafuis[98] da indumentária ou nos divertimentos da juventude.

Menino, começou a trabalhar, e assim cresceu, simples, desprendido, modesto, pobre e feliz de Alma.

Quando o grande vespertino *O Globo*, desta capital, fez junto de Francisco Cândido Xavier a mais sensacional reportagem registrada nos anais do psiquismo, as numerosas testemunhas ficavam estupefatas — verificando que o médium era um desmentido vivo à própria produção do seu lápis, tão modesto ele, e tão grandiosas as mensagens recebidas. Os olhos viam e as inteligências comparavam: tinha os pés metidos em tamancos e a cabeça mergulhada nas claridades do Infinito!

De uma feita, nessa reportagem, escreveu — *do fim para o princípio* — um trecho em inglês (idioma ignorado do médium), trecho que só pôde ser lido com auxílio de espelho refletindo o positivo do original negativo.

De fins de abril a meados de julho de 1935, Clementino de Alencar, o talentoso e imparcialíssimo repórter destacado, manteve os leitores de *O Globo* enlevados com a narrativa e documentação da maravilhosa mediunidade de Francisco Cândido Xavier, inclusive com a comprovação fotográfica dos aspectos mais importantes a realçar no caso, no qual se constatou a possibilidade de obter desde os sonetos inconfundíveis de Augusto dos Anjos até respostas eruditas sobre problemas da Medicina, inclusive a inimitável elucidação que o Espírito *Emmanuel* deu sobre as causas possíveis do diabetes.

Apesar, porém, da retumbância e da notoriedade advindas dessa reportagem, Francisco Cândido Xavier continuou simples, desambicioso, modesto, mourejador.

---

[98] N.E.: Alegres, festivas (*Dicionário Aurélio*).

Escrevendo por seu lápis o *Parnaso de além-túmulo* — livro único, sem igual e sem rival na literatura do mundo —, outro que não estivesse resguardado pelas forças de Espíritos muito amigos e bons teria resvalado para a vaidosa celebridade — derivada daquelas páginas — no qual estão identificados, *irrespondivelmente*, os maiores dos nossos poetas desencarnados, de estilo inconfundível e cujos versos mediúnicos os negadores sistemáticos ficam reptados[99] a imitar, sem decalque.

Entretanto, nem esse, nem os outros livros psicografados alteraram o feitio de Francisco Cândido Xavier. Continua não aceitando — *nem mesmo indiretamente* — qualquer dádiva em troca ou retribuição da sua mediunidade.

Podendo estar a caminho de um sólido pecúlio, com os direitos autorais das suas produções editadas, jamais recebeu — *nem admite que tal se lhe proponha* — um níquel sequer a esse ou outro pretexto em que entre a sua faculdade mediúnica.

Vive exclusivamente de modesto ordenado do seu trabalho (pouco mais de duas centenas de mil réis mensais), e que destina fielmente ao sustento de pai e irmãos, uma vez que o seu genitor tem escasso provento da atividade que exerce.

Quiçá exceda da oportunidade de um livro destes moldes os detalhes domésticos da personalidade do médium Francisco Cândido Xavier; mas dói profundamente ler as injustiças e as descortesias escritas contra um moço digno da maior estima e da mais irrestrita admiração no terreno da Espiritualidade.

Francisco Cândido Xavier, saiba-o o Brasil inteiro, creiam-no as pessoas bondosas, tolerantes, de boa-fé, que bem avaliem o exato amor da família, é um filho exemplar, irmão carinhoso, amigo prestativo, alma compassiva, desambicioso, simples em tudo, enfim, uma verdadeira alma angélica — amortalhada num corpo de homem.

---

[99] N.E.: Provocados, desafiados (*Dicionário Houaiss*).

Não é um santo — de jejuns e camândulas[100] na mão; mas não tem nenhum dos defeitos próprios de uma criatura humana. É um médium *verdadeiro*, eis a sua única e maior definição.

Várias tentativas foram feitas, no sentido de arrancá-lo do lugarejo onde vive e ganha o pão com o suor do rosto. Empregos com pingues[101] ordenados, instalações de requintado conforto, tudo lhe tem sido posto ante os olhos, com idôneas garantias.

Tudo recusou serenamente, convictamente, porque sente a sua condição de médium em ininterrupta ligação com eminentes e poderosas entidades do Além.

Infelizmente, um apelo em favor da verdade a respeito de Francisco Cândido Xavier não poderá dar fruto sazonado, enquanto os preconceitos das religiões e das ideias prévias atribuírem aos médiuns ligações infernais com Satanás ou manifestações mórbidas, quando não manobras burlosas e especuladoras.

A realidade, porém, é que o dom mediúnico não escolhe preferencialmente uma determinada seita.

D. Anna Prado, a célebre médium que irradiou da capital paraense para o mundo inteiro estupefacientes fenômenos de materialização, era católica, apostólica romana, e somente para atender a desejos do esposo acedia em tal.

Muitas vezes, foi chorando que ela se encaminhou para a sala das sessões mediúnicas então realizadas, sem que se saiba se esse pranto obedecia à repulsa ignota do seu próprio Espírito ou à lembrança do seu mentor eclesiástico — que lhe acenava com o Inferno, por motivo das materializações a que ela se prestava.

Hoje, no mundo da eterna verdade, a nobre e gloriosa senhora sabe, melhor que os pobres comentadores, qual das duas coisas teve mais valor, se os fenômenos produzidos ou se as lágrimas vertidas.

---

[100] N.E.: Rosário de contas grossas.
[101] N.E.: Fartos, abundantes.

Assim o mansueto Francisco Cândido Xavier, recebendo os calhaus das injúrias, os pontapés das ingratidões, repelindo as tentações das riquezas que lhe oferecem, continuando abraçado ao lenho da sua missão, no calvário de rosas da sua vida de novo apóstolo da palavra dos Espíritos, erguido na Galileia mineira do seu nascimento, prosseguirá servindo à boa causa dos Mensageiros do Cristo, sem se emocionar com a grita da turba na pretoria da Intolerância aonde são levados os inocentes e os humildes de coração.

De uma circunstância podem todos estar certos: a cada salto da víbora da calúnia, a cada injustiça que lhe acendem nos foguetes da injúria, ele sorri, numa expressão meiga e infantil, e diz:

— Que Jesus lhes perdoe, porque não sabem o que estão fazendo!

ALMERINDO MARTINS DE CASTRO
Rio de Janeiro, 1940.

Índice geral [101]

Academia Brasileira de Letras
   Humberto de Campos, Espírito, e – 5; Anexo 1
Acrópole
   considerações sobre – 7, nota
Afonso
   biografia de – 1, nota
   Pedro, D., II, e – 1
Ajax
   considerações sobre – 6, nota
Aksakof
   Rússia, difusão das verdades consoladoras e – *O Espiritismo no Brasil*
Alberto I, rei dos belgas
   Humberto de Campos, Espírito, e – 1
Alcínoo
   considerações sobre – 9, nota
Alemanha
   preocupação científica com os problemas da vida e da morte e – *O Espiritismo no Brasil*
Aliança Espiritualista de Londres
   Stainton Moses e criação da – Anexo 2
Alma
   riqueza espiritual da – Anexo 1
América
   desejo real de reforma e – *O Espiritismo no Brasil*
América espanhola
   lutas do Brasil com países da – 1, nota
Anel do Pescador
   papa Pio XI e – 2, nota
Aníbal
   considerações sobre – 9, nota
   Segunda Guerra Púnica e – 9, nota
Anjos, Augusto dos
   soneto de *, psicografado por Francisco Cândido Xavier – 7

---

[101] Remete ao número do capítulo, à mensagem *O Espiritismo no Brasil* e aos anexos 1 e 2.

Índice geral

Aqueronte
  considerações sobre – 6, nota; 7
Aquidabã
  considerações sobre – 8, nota
Aristocracia espiritual
  sono milenário do orgulho e – *O Espiritismo no Brasil*
Aristófanes, poeta
  biografia de – Anexo 1, nota
  Lisístrata, comédia, e – Anexo 1
Ásia
  concentração das doutrinas espiritualistas no coração da – *O Espiritismo no Brasil*
Assis, Machado de, escritor
  biografia de – Anexo 2, nota
  mediunidade desconhecida e – Anexo 2
Átila, rei dos hunos
  biografia de – 8, nota
Azevedo, Álvares de, poeta
  biografia de – Anexo 1, nota
  boemia e – Anexo 1
Barbaria
  discursos bélicos e gigantes da nova – 9
Barreto, Lima
  biografia de – Anexo 1, nota
Basílica de São Pedro
  humílimo oratório subterrâneo e – 2, nota
  modificação da fisionomia da – 2
Bem
  congregação de todos os núcleos do – 3
Bilac, Olavo, poeta
  biografia de – Anexo 2, nota
  mediunidade desconhecida e – Anexo 2
Bocaiuva, Quintino, escritor
  biografia de – Anexo 2, nota
  mediunidade desconhecida e – Anexo 2
Bonanome
  assistente do papa Pio XI e – 2

Bonifácio, José
  centenário da desencarnação de – 1
Brasil
  capitais estrangeiros no * a título de empréstimos vultosos – 1
  comprometimento da balança da evolução geral do – 1
  despertamento do * para sua própria realidade – 1
  lutas do * com países da América espanhola – 1, nota
  queda da República Velha e – 1
  refinamento de educação política do – 1
Bryce, James
  república americana, A, e – 1, nota
Büchner, Ludwig, médico
  biografia de – Anexo 1
Byron
  biografia de – Anexo 1, nota
Camândula
  significado da palavra – Anexo 2, nota
Câmara dos Deputados
  Humberto de Campos e – Anexo 1
Camerlengo, cardeal
  comoção do * ante os despojos do papa Pio XI – 2
Campos, Humberto de
  amadurecimento do espírito de crítica e – Anexo 1
  antíteses da personalidade de – Anexo 1
  Antônio Lemos, político, e – anexo 1
  atitudes díspares e – Anexo 1
  bagagem de conhecimentos das vidas anteriores e – Anexo 1
  Carlos Gomes, compositor, e – Anexo 1, nota
  Coelho Neto, escritor, e – Anexo 1
  conceituação filosófica das obras de – Anexo 1
  derradeiro estágio da ressurreição intelectual de – Anexo 1
  despertamento do passado cultural de – Anexo 1

Índice geral

Diário Carioca, jornal, e – Anexo 1
Dias Fernandes, escritor, e – Anexo 1, nota
emprego no comércio caipira e – Anexo 1
Ernst Haeckel, escritor, e – Anexo 1
Espírito vigilante no cumprimento da prova escolhida e – Anexo 1
estigma inexplicável pelas teorias de hereditariedade e – Anexo 1
explicação para a resistência a tantas amarguras de – Anexo 1
firmeza do homem – Anexo 1
imortalidade da Academia Brasileira de Letras e – Anexo 1
infância de – Anexo 1
influência do Positivismo na orientação de – Anexo 1
início da vida de escritor e – Anexo 1
Júlio Verne, autor preferido de – Anexo 1
leitura do comentário e da crítica nos escritos de – Anexo 1
Ludwig Büchner, naturalista, e – Anexo 1
Max Nordau, escritor, e – Anexo 1
parlamentares da Câmara dos Deputados e – Anexo 1
Paulo Maranhão, jornalista, e – Anexo 1, nota
protesto contra o regime cruel dos seringueiros e – Anexo 1
pseudônimo e – Anexo 1
reencarnação de notável cultor das letras clássicas e – Anexo 1
reservatório de recursos espirituais e – Anexo 1
resgate do passado de culpas e – Anexo 1
Samuel Smiles, escritor, e – Anexo 1
santificação e explicação do calvário da reencarnação de – Anexo 1
singeleza da existência de – Anexo 1
vida trabalhosa e árida de órfão pobre e – Anexo 1

Campos, Humberto de, Espírito
Agripino Grieco e – 7, nota
Alberto I, rei dos belgas, e – 1
apelo para o dorso de Pégaso e – 6, nota
apelo para o véu de Ísis e – 6
assembleias no Templo de Ismael e – 5
banalização nas arremetidas boêmias e – Anexo 1
carta a Gastão Penalva e – 9
círculos espirituais de estudos evangélicos e – 5
Crônicas, livro, e – 7
crença no cronista desencarnado e – 1
descrição da paisagem de Marte e – 6
firmeza do – Anexo 1
Jornal do Brasil e Carta de Gastão Penalva e – 8
José Porfírio de Miranda, amigo de – 1
lembranças de Miritiba e – 12
lenda da maçã podre e – 3
Memórias, livro, e – 7
passagem gratuita para Marte e – 6
principal traço de – Anexo 1
quadros de amargura e de orfandade vividos na Paraíba e – 12
rei da criação, O, e – 8
reunião na Casa de Ismael e – 5, nota
reuniões na Academia Brasileira de Letras e – 5
Sombras que sofrem, livro, e – 7
súplica ao anjo Jeziel e – 12

Canova, Antônio, escultor
João Faliero, senador romano, e – Anexo 1

Cardano, Gerolomo, matemático
mediunidade polimorfa e – Anexo 1, nota

Caridade
Espiritismo brasileiro e – *O Espiritismo no Brasil*
Evangelho e – 5

Índice geral

fora da * não há salvação – *O Espiritismo no Brasil*
Carnaval
   estatística do Delegado de Menores e – 3
   excessos do período de * no Rio de Janeiro – 3
   homens da administração e * no Rio de Janeiro – 3
   lenda da maçã podre e * no Rio de Janeiro – 3
   passagem do * qual onda furiosa – 3
Carpineto, cidade
   nascimento do papa Leão XIII e – 2
Carrel, Alexis
   homem, esse desconhecido, O, livro, e – 7, nota
Caruso, Enrico
   exibição da voz de * nas igrejas aldeães – Anexo 1
Carvão mineral
   transformação do * em calor e luz – Anexo 1
Casa de Ismael
   claridade do amor e da sabedoria espiritual e – 5
   moção apresentada pelo Dr. Carlos Fernandes, na– 5, nota
   Pedro Richard, presidente da assembleia na – 5
Cellini, Benvenuto
   infância de *, artista da ourivesaria – Anexo 1
Chateaubriand
   biografia de – Anexo 1, nota
Ciência
   união da * com a fé em Marte – 6
Civilização ocidental
   florescimento no futuro de uma sociedade nova e – *O Espiritismo no Brasil*
Comte, Auguste
   biografia de – Anexo 1, nota

Concórdia
   teorias de * espezinhadas pela incultura e pela violência – 7
Consciência
   lei que impõe à * o resgate por sofrimento – Anexo 1
Consolador
   multiplicação das tendas de trabalho do – *O Espiritismo no Brasil*
   primeiros esforços do * no Velho Mundo – *O Espiritismo no Brasil*
   redenção suprema das almas e – *O Espiritismo no Brasil*
Constant, Benjamim, militar
   biografia de – 1, nota
   república americana, A, e – 1
Constantino, césar romano
   adoção e oficialização da religião cristã e – 2, nota
   filho de Helena e – 2, nota
   tesouro de – 2, nota
Coração
   lembrança do * nos labores sublimes – *O Espiritismo no Brasil*
   prejuízo ao * das ovelhas desgarradas pelo excesso do raciocínio – *O Espiritismo no Brasil*
Cordeiro de Deus *ver* Jesus
Cristianismo
   serviço de restauração do – *O Espiritismo no Brasil*
Cromwell, Oliver
   médium vidente e audiente e – Anexo 1
Crônicas, livro
   Humberto de Campos e – 7
Crookes
   Grã-Bretanha e intensificação das experiências de – *O Espiritismo no Brasil*
D'Annunzio
   glorificação da imagem infeliz de – 9, nota

Índice geral

Danaides
  considerações sobre – 5, nota
Dante
  biografia de – 8, nota
  divina comédia, A, e – 8, nota
Denis
  França, caminhos filosóficos e
    científicos do porvir e – *O Espiritismo
    no Brasil*
Deodoro, militar
  biografia de – 1, nota
  república americana, A, e – 1
Désio, cidade
  nascimento do papa Pio XI e – 2
Deus
  Erich Friedrich Wilhelm Ludendorff
    e conceito de – 11
Diário Carioca, jornal
  Diário de um enterrado vivo e –
    Anexo 1
  Humberto de Campos e – Anexo 1
Diário da Noite, jornal
  descrição do fenômeno presenciado
    por Agripino Grieco e – 7
  encontro póstumo de Agripino
    Grieco com a literatura de Humberto
    de Campos e – 7
  impressão de Agripino Grieco e – 7
Diário da Tarde, jornal
  assinatura de Augusto dos Anjos e – 7
  assinatura de Humberto de Campos
    e – 7
  impressão de Agripino Grieco e – 7
Diário Mercantil, jornal
  impressão de Agripino Grieco e – 7
Divina comédia, A, poema
  Dante Alighiere e – 8, nota
Donlzetti
  biografia de – Anexo 1, nota
Dor
  lapidária da evolução, eterna obreira
    do Espírito e – 5

Dostoievski
  biografia de – Anexo 1, nota
Doutrina dos Espíritos *ver* Espiritismo
Dúvida
  túmulo da incerteza e – 7
Édipo
  considerações sobre – 5, nota
Educação
  eficácia da * para o extermínio dos
    excessos dolorosos – 3
Emmanuel, Espírito
  causas possíveis do diabetes e – Anexo 2
Encilhamento da borracha
  considerações sobre – Anexo 1
Espaço
  eco suave e doce das comemorações
    terrestres no – 12
Espiritismo
  anátema e – Anexo 2
  congregação dos núcleos do bem e – 3
  problema do médium e – 4
Espírito desencarnado
  convenções políticas dos homens
    e – 1
Espírito enganador
  Azarias Pacheco, médium, e – 4
Espírito(s)
  convite ao * humano – Anexo 1
  dor, lapidária da evolução e eterna
    obreira do – 5
  esconderijo do gênio e necessidades
    da reencarnação do – Anexo 1
  estigmas visíveis de mediunidade
    espetacular e – Anexo 1
  reservatório de conhecimentos e
    experiências de outras vidas e –
    Anexo 1
Europa
  desejo real de reforma e – *O
    Espiritismo no Brasil*
Evangelho
  caridade e – 5

missão do Brasil dentro do – 1
F., Mme.
  crença no Espiritismo e – Anexo 1
  Humberto de Campos e – Anexo 1
  Faculdade mediúnica
  grandes vultos da Ciência, da
  Literatura e da política e – Anexo 2
  seita religiosa e – Anexo 2
Faliero, João, senador romano
  Antônio Canova, escultor, e – Anexo 1
Fé
  esquecimento da fonte preciosa da – 9
  falibilidade da razão sem a luz da – 7
  homem sem *, caminhada às tontas – 7
  união da Ciência com a * em Marte – 6
Fernandes, Carlos, Dr.
  moção apresentada pelo * na Casa de
  Ismael – 5, nota
Fernandes, Dias, escritor
  biografia de – Anexo 1, nota
Ferreti, Giovanni Maria Mastai, padre
  manifestações mediúnicas e – Anexo
  2, nota
Flammarion
  França, caminhos filosóficos e
  científicos do porvir e – *O Espiritismo no Brasil*
Fraternidade
  busca pela nação da * e da paz – *O Espiritismo no Brasil*
  dilatação do ideal da * sobre a Terra – 11
  harmonização do espiritualismo
  oriental com a * perfeita – *O Espiritismo no Brasil*
Gênio
  necessidades da reencarnação do
  Espírito e esconderijo do – Anexo 1
  origem do * das letras e das artes –
  Anexo 1
Globo, O, jornal
  Clementino de Alencar, repórter, e –
  Anexo 2

Francisco Cândido Xavier e – Anexo 2
Goldsmith, Oliver
  glória literária e – Anexo 1
Gomes, Carlos, compositor
  biografia de – Anexo 1, nota
Grieco, Agripino
  aceitação das teses espiritistas e – 7
  crítico literário brasileiro e – 7, nota
  encontro póstumo de * com a
  literatura de Humberto de Campos – 7
  Humberto de Campos, Espírito, e – 7
  impressão de * ao *Diário da Noite*,
  jornal, e –7
  impressão de * ao *Diário da Tarde*,
  jornal – 7
  impressão de * ao *Diário Mercantil*,
  jornal – 7
  São Francisco de Assis e a poesia
  cristã, livro, e – 7
Grieco, Agripino, A, mensagem
  Diário da Tarde, jornal, e – 7
Francisco Cândido Xavier, médium,
  e – 7
Guerra
  afastamento do dragão da – 10
  polvo da * e envolvimento dos
  corações desesperados – 9
Gulliver
  considerações sobre – 6, nota
Haeckel, Ernst, naturalista
  biografia de – Anexo 1
Helena
  mãe de Constantino e – 2, nota
  tesouro de – 2, nota
Helmont, Jean Baptist van, médico
  biografia de – Anexo 1, nota
Hindenburg, Paul von
  cinzas no Panteão de Tannenberg e – 11
  diálogo entre * Espírito e Ludendorff
  – 11
  sonho de imperialismo e de
  superioridade da Alemanha e – 11
História de Carlos Magno e dos doze

Índice geral

pares de França, livro
Humberto de Campos e – Anexo 1
Hoffmann, Guilherme Amadeu
purga intelectual e – Anexo 1
Homem
alma corajosa de um grande * em novo embrião – Anexo 1
caminhada do * às tontas sem fé – 7
canhão, prostíbulo e razão do – 7
direito convencional e razão do – 7
Espírito desencarnado e convenções políticas do – 1
existência do * e intensidade da edificação espiritual – 5
revigoramento do * moderno do túmulo das vaidades – 10
Hugo, Victor
biografia de – Anexo 1, nota
D. Pedro II, o monarca republicano, e – 1
Igreja
barca de São Pedro e – 2
Igreja Católica e – 11
Erich Friedrich Wilhelm Ludendorff, adversário declarado da – 11
Impiedade
continuidade das velhas crenças errôneas do império da – 2
Instituto romano
promessa de reforma integral do velho – 2
Inteligência
ignorância da * humana – Anexo 1
Jeremiada
significado da palavra – Anexo 1
Jeremias
Alberto Torres e – 1
considerações sobre – 1, nota; 9, nota
Jesus
coração amargurado de * ante os sacerdotes nas Igrejas degeneradas – 2
príncipe de todas as nações e – 10

Jeziel
anjo mensageiro de Maria, mãe de Jesus, e – 12
súplica de Humberto de Campos ao anjo – 12
Jornal do Brasil
carta de Gastão Penalva e – 8
Judeus
Erich Friedrich Wilhelm Ludendorff, ferrenho inimigo dos * e da maçonaria – 11
Júpiter Capitolino
considerações sobre – 2, nota
Knock-out
significado da palavra – Anexo 1
Lauri, cardeal
extrema-unção ao papa Pio XI e – 2
Leão XIII, papa
papa Pio XI e visão espiritual de – 2
Lei do amor
esquecimento da * no passado espiritual – 9
Lemos, Antônio, político
biografia de – Anexo 1, nota
Lenda árabe – 8
Linha Hindenburg
considerações sobre – 11, nota
Lisístrata, comédia
Aristófanes, poeta, e – Anexo 1
Lombardia, cidade
localização da – 2, nota
papa Pio XI e – 2
Lombroso
Itália, início de experiências decisivas e – *O Espiritismo no Brasil*
Ludendorff, Erich Friedrich Wilhelm
Academia de Grosslichtenfeld e – 11
adversário declarado da Igreja Católica e – 11
batalha de Tannenberg e – 11
conceito de Deus e – 11
desencarnação de – 11

diálogo entre Paul von Hindenburg,
  Espírito, e – 11
espírito de renovação e de
  imperialismo e – 11
ferrenho inimigo dos judeus e da
  maçonaria e – 11
general alemão e – 11, nota
internação em uma Casa de Saúde de
  Munique e – 11
Luís
  biografia de – 1, nota
Pedro, D., II, e – 1
Lutero, Martin
  infância de – Anexo 1
Macedo
  moleque inseparável, demônio
  familiar e – 8
Maçonaria
  Erich Friedrich Wilhelm Ludendorff,
  ferrenho inimigo dos judeus e da
  – 11
Mãe do Salvador *ver* Maria, mãe de Jesus
Malherbe
  biografia de – Anexo 1, nota
Manifestação mediúnica
  observação da * sem distinção de
  credo e idade – Anexo 2
Maranhão, Paulo, jornalista
  biografia de – Anexo 1, nota
Marciópolis
  cidade de Marte e – 6
Marconi, Guglielmo
  biografia de – Anexo 1, nota
Maria, mãe de Jesus
  bênçãos de * na Terra – 12
  bênçãos de * para mãe de Humberto
  de Campos – 12
  homenagem à – 12
  Jeziel, anjo mensageiro de – 12
  sorriso piedoso para os deserdados do
  mundo e – 12
  vibrações do amor de * no Além – 12

Marte
  atmosfera de – 6
  atuação de * no campo magnético de
  nossas energias cósmicas – 6
  aura dos homens de – 6
  características da vegetação de – 6
  Ciência unida a fé e – 6
  descrição da paisagem de – 6
  estudos científicos sobre a Terra e – 6
  evolução dos habitantes de * sem as
  expiações coletivas – 6
  exame das vibrações psíquicas na
  atmosfera da Terra e – 6
  Marciópolis, cidade de – 6
  organização física do habitante de – 6
  palavra de um mensageiro celeste
  em – 6
  passagem gratuita para – 6
  presença espiritual de Humberto de
  Campos despercebida em – 6
  problema da alimentação em – 6
  situação espiritual da Terra e – 6
  Terra, única aura infeliz nas
  vizinhanças de Marte – 6
Materialismo
  ideia de Deus e – Anexo 1
Materialista
  entendimento do negativismo do –
  Anexo 1
Matinas
  significado da palavra – 2, nota
Mazarini, Jules, cardeal
  impenitente jogador e – Anexo 1, nota
Médium
  aplauso aos admiráveis trabalhos do
  – Anexo 1
  maior inimigo do – 4
Mediunidade
  dissolução da personalidade e – Anexo 2
  Espíritos sem estigmas visíveis de *
  espetacular – Anexo 1
  manifestação da * de Pio IX – Anexo 2
  testemunho e lembrança da – Anexo 1

Índice geral

Memória
　Max Nordau e conceito de – Anexo 1
Memórias, livro
　Humberto de Campos e – 7
Millikan, Robert, Dr.
　mensagens misteriosas para o homem da Terra e – 6
Miranda, José Porfírio de
　amigo de Humberto de Campos, Espírito, e – 1
　milionário do Pará e – 1
Molière
　biografia de – Anexo 1, nota
Momo
　objetivo dos três dias de – 3
　vitória de * no seu reinado extravagante – 3
Montesquieu
　biografia de – Anexo 1, nota
Morais, Prudente de, advogado
　biografia de – 1, nota
Moral
　pressão * das desilusões e das dificuldades – Anexo 1
Morte
　Alemanha e preocupação científica com os problemas da vida e da – *O Espiritismo no Brasil*
　asa luminosa de liberdade e – 6
Moses, William Stainton, pastor protestante
　criação da Aliança Espiritualista de Londres e – Anexo 2
　Ensinos espiritualistas, livro, e – Anexo 2
　faculdades mediúnicas de – Anexo 2
　oposição as mensagens doutrinárias recebidas e – Anexo 2
Movimento espiritista
　balanço de realizações e de obras doutrinárias e – *O Espiritismo no Brasil*

Mozart
　biografia de – Anexo 1, nota
Mundo
　ciclópica oficina de labores diversíssimos e – Anexo 1
Mundo dos Espíritos
　caravanas de fraternidade nos planos do intermúndio e – 6
Mundo espiritual
　pródromos dos fenômenos políticos e sociais do Brasil e – 1
Murtinho Joaquim, médium
　cura de enfermos e – Anexo 2
　irresistível poder magnético e – Anexo 2
　médico homeopata, economista e – Anexo 2
Musset, Alfred de
　biografia de – Anexo 1, nota
Napoleão
　biografia de – Anexo 1, nota
　pitonisa Lenormant e – Anexo 1
Neto, Coelho, escritor
　biografia de – Anexo 2, nota
　mediunidade desconhecida e – Anexo 2
Newton
　biografia de – Anexo 1, nota
Ney, Paula
　biografia de – Anexo 1, nota
Nicodemos
　considerações sobre – 7, nota
Nordau, Max, escritor
　biografia de – Anexo 1
　conceito de memória e – Anexo 1
Oração de Natal
　presépio do século XX e – 10
Oráculo de Delfos
　considerações sobre – 5, nota
Orfeu
　considerações sobre – 6, nota
Orgulho
　provações necessárias para o

abatimento do – Anexo 1
Ovelha desgarrada
  prejuízo ao coração da * pelo excesso
  do raciocínio – *O Espiritismo no Brasil*
Pacelli, cardeal
  retirada do anel simbólico do papa
  Pio XI e – 2
Pacheco, Azarias, médium
  advertência quanto à necessidade de
  oração e de vigilância e – 4
  distúrbios psíquicos e – 4
  eliminação do quadro de funcionários
  e – 4
  Espíritos enganadores e – 4
  habilitação a viver somente para a
  Doutrina e – 4
  livre ingresso das entidades perversas
  e – 4
  médicos desencarnados e – 4
  oferta de dinheiro após o receituário
  e – 4
  sacrifício dos deveres sentimentais e – 4
Paganismo
  considerações sobre – 2, nota
Palácio de Nero
  condenação das expressões de loucura
  e de crueldade e – 2
Parnaso de além-túmulo, livro
  Francisco Cândido Xavier e – Anexo 2
Passos, Guimarães
  biografia de – Anexo 1, nota
Patriarca da Independência
  José Bonifácio de Andrada e Silva
  e – 1, nota
  monumento erigido ao – 1, nota
Patrocínio, José do
  biografia de – Anexo 1, nota
Paz
  teorias de * espezinhadas pela
  incultura e pela violência – 7
Peçanha, Nilo, político
  biografia de – Anexo 2, nota
  mediunidade desconhecida e – Anexo 2

Pecci, Joaquim
  nome de batismo do papa Leão XIII
  – 2
Pedro, apóstolo, Espírito
  papa Pio XI e – 2
Pedro, D., II
  Afonso e – 1, nota
  Alberto Torres e auxílio de – 1, nota
  amor e ligação de * para sempre ao
  torrão brasileiro – 1
  exame de consciência e – 1
  José Bonifácio de Andrada e Silva
  e – 1, nota
  Luís e – 1, nota
  palavra de * sobre o Brasil – 1
  queda da República Velha e – 1
  Victor Hugo e *, o monarca
  republicano – 1
Pégaso
  considerações sobre – 6, nota
Penalva, Gastão, pseudônimo
  aspirante de Marinha e – 8
  carta a – 9
  Colégio Militar e – 8
  Jornal do Brasil e Carta de – 8
Perseverança
  principal traço do Espírito de
  Humberto de Campos e – Anexo 1
Pio VII
Pio IX, parente de – Anexo 2
Pio IX, pontífice
  manifestações da mediunidade de –
  Anexo 2
  Pio VII, parente de – Anexo 2
Pio XI, papa, Espírito
  Anel do Pescador e – 2, nota
  biografia de – 2, nota
  despertamento de * em frente ao
  tribunal da Justiça divina – 2
  dragão político, guerras de conquistas
  e – 2
  entrada na luz do Reino de Deus e – 2
  julgamento pelo tribunal e – 2

Índice geral

Pedro, apóstolo, Espírito, e – 2
Príncipe do Clero e – 2
  recomendações *in extremis* e – 2
  visão espiritual de Leão XIII e – 2
Pisístrato
  considerações sobre – 5, nota
Plano espiritual
  conclave no * e propagação da nova
  fé – *O Espiritismo no Brasil*
  expressão mais forte do problema do
  ser e do destino e – 7
Plano invisível *ver* Plano espiritual
Poe, Edgar Allan
  biografia de – Anexo 1, nota
Positivismo
  influência do * na orientação de
  Humberto de Campos – Anexo 1
Povo
  ausência de tradição nos elementos
  do – 1
Prado, Ana, D., médium
  fenômenos de materialização e –
  Anexo 2
Primeira Guerra Mundial – 8, nota
Príncipe da Paz *ver* Jesus
Provação
  necessidade da * para abatimento do
  orgulho – Anexo 1
  preparação espiritual para a * de
  resgate escolhido – Anexo 1
Queirós, Eça de
  biografia de – Anexo 1, nota
Rainha dos Céus *ver* Maria, mãe de Jesus
Ratti, Aquiles
  nome de batismo do papa Pio XI – 2
Razão
  canhão, prostíbulo e * do homem – 7
  direito convencional e * do homem – 7
  entronização da – 7
  falibilidade da * sem a luz da fé – 7
Reino de Deus
  papa Pio XI e entrada na luz do – 2

Religião cristã
  Constantino, césar romano, adoção e
  oficialização da – 2, nota
Renan
  biografia de – 9, nota
Renovação
  sinônimo de dores e tributos de
  lágrimas e de sangue e – *O Espiritismo
  no Brasil*
República americana, A
  James Bryce e – 1, nota
Rerum novarum, encíclica
  papa Leão XIII e – 2, nota
Revolta das Armadas
  considerações sobre a – 8, nota
Richard, Pedro
  presidente da assembleia na Casa de
  Ismael e – 5
Richet
  França, caminhos filosóficos e
  científicos do porvir e – *O Espiritismo
  no Brasil*
Rio de Janeiro
  atração turística, meneios de
  Terpsícore e – 3, nota
  carnaval, maçã podre do – 3
  estatística do Delegado de Menores
  e – 3
  excessos do período carnavalesco no – 3
  homens da administração e carnaval
  no – 3
  lenda da maçã podre e carnaval no – 3
  passagem do carnaval qual onda
  furiosa e – 3
Rochi
  assistente do papa Pio XI – 2
Rosa de Nazaré *ver* Maria, mãe de Jesus
Ruffo, Titta, cantor
  Conservatório Santa Cecília de Roma
  e – Anexo 1
Sacerdote
  desprendimento e renúncia dos bens

Índice geral

efêmeros da vida material e – 10
Sainte-Beuve, Charles Augustin
  escritor e crítico literário francês – 7, nota
Salvador *ver* Jesus
Samosata, Luciano de
  valor da vida humana e – 5
Sampaio, Bittencourt
  distribuição dos fragmentos do pão milagroso e – 5
São Francisco de Assis e a poesia cristã, livro
  Agripino Grieco e – 7
Scott, Walter
  biografia de – Anexo 1, nota
Segunda Guerra Púnica
  Aníbal e – 9, nota
Senhora dos Anjos *ver* Maria, mãe de Jesus
Silva, José Bonifácio de Andrada e
  biografia de – 1, nota
Simões, Agostinho, professor
  Humberto de Campos, Espírito, e – 5
Smiles, Samuel, escritor
  Humberto de Campos, e – Anexo 1
Sofrimento
  injeções de dores a noite e resistência ao * durante o dia – Anexo 1
  valor da vida humana e – 5
Sombras que sofrem, livro
  Humberto de Campos e – 7
Tannemberg, batalha de
  Erich Friedrich Wilhelm Ludendorff e – 11
  indecisão do general Prittwitz e – 11
Tasso
  biografia de – Anexo 1, nota
Templo da Boa Deusa
  condenação das expressões de loucura e de crueldade e – 2
Templo de Apolo
  condenação das expressões de loucura e de crueldade e – 2
Templo de Ismael
  Humberto de Campos, Espírito, e assembleias no – 5
Terpsícore
  significado da palavra – 3, nota
Terra
  aura infeliz da *, única nas vizinhanças de Marte – 6
  cruzeiros intercontinentais e – 6
  estudos científicos de Marte a respeito da – 6
  Marte e situação espiritual da – 6
  modificações precisas ao aperfeiçoamento da – 6
  progresso científico da *, patrimônio do egoísmo utilitário – 6
Tirésias
  considerações sobre – 7, nota
Tomé
  considerações sobre – 9, nota
Torres, Alberto, político
  auxílio de D. Pedro II e – 1, nota
  Jeremias e – 1, nota
Tsushima
  batalha de – 7
  considerações sobre – 7, nota
Túmulo
  imagem do repouso absoluto no – 9
Valor racial
  prioridade da evolução e – 7
Vaticano
  interesse pela movimentação das ideias espiritistas e – *O Espiritismo no Brasil*
Verdade
  humildade, amor e – *O Espiritismo no Brasil*
Verne, Júlio
  autor preferido de Humberto de Campos e – Anexo 1
Véu de Ísis

Humberto de Campos e – 7
reino das sombras e – 5, nota
Vida
Alemanha e preocupação científica com os problemas da * e da morte – *O Espiritismo no Brasil*
sofrimento e valor da * humana – 5
Vida material
sacerdotes e desprendimento e renúncia dos bens efêmeros da – 10
Voltaire
biografia de – Anexo 1, nota
Xavier, Francisco Cândido, médium
Agripino Grieco e produção literária mediúnica de – Anexo 2
Agripino Grieco, A, mensagem, e – 7, nota
espargimento das luzes da Verdade universal e – Anexo 2
fim para o princípio, Do, mensagem, e – Anexo 2
Globo, O, jornal, e – Anexo 2
impressão de Agripino Grieco sobre – 7
infância de – Anexo 2
injustiças e descortesias escritas contra – Anexo 2
Parnaso de além-túmulo, livro, e – Anexo 2
psicografia especular e – Anexo 2
tentações das riquezas e – Anexo 2
Zola, Émile
biografia de – Anexo 1, nota

NOVAS MENSAGENS					
EDIÇÃO	IMPRESSÃO	ANO	TIRAGEM	FORMATO
1	1	1940	5.000	13x18
2	1	1940	5.000	13x18
3	1	1945	4.700	13x18
4	1	1959	5.000	13x18
5	1	1971	10.000	13x18
6	1	1978	10.200	13x18
7	1	1985	5.100	13x18
8	1	1987	10.000	13x18
9	1	1992	5.000	13x18
10	1	1995	10.000	13x18
11	1	2005	500	12,5x17,5
12	1	2007	1.000	12,5x17,5
13	1	2009	3.000	12,5x17,5
13	2	2011	1.000	12,5x17,5
14	1	2014	3.000	14x21
14	2	2018	1.000	14x21
14	3	2020	200	14x21
14	POD*	2021	POD	14x21
14	IPT**	2022	100	14x21
14	IPT	2023	300	14x21
14	IPT	2023	150	14x21
14	IPT	2024	400	14x21
14	IPT	2025	410	14x21

*Impressão por demanda
**Impressão pequenas tiragens

O LIVRO ESPÍRITA

Cada livro edificante é porta libertadora.

O livro espírita, entretanto, emancipa a alma nos fundamentos da vida.

O livro científico livra da incultura; o livro espírita livra da crueldade, para que os louros intelectuais não se desregrem na delinquência.

O livro filosófico livra do preconceito; o livro espírita livra da divagação delirante, a fim de que a elucidação não se converta em palavras inúteis.

O livro piedoso livra do desespero; o livro espírita livra da superstição, para que a fé não se abastarde em fanatismo.

O livro jurídico livra da injustiça; o livro espírita livra da parcialidade, a fim de que o direito não se faça instrumento da opressão.

O livro técnico livra da insipiência; o livro espírita livra da vaidade, para que a especialização não seja manejada em prejuízo dos outros.

O livro de agricultura livra do primitivismo; o livro espírita livra da ambição desvairada, a fim de que o trabalho da gleba não se envileça.

O livro de regras sociais livra da rudeza de trato; o livro espírita livra da irresponsabilidade que, muitas vezes, transfigura o lar em atormentado reduto de sofrimento.

O livro de consolo livra da aflição; o livro espírita livra do êxtase inerte, para que o reconforto não se acomode em preguiça.

O livro de informações livra do atraso; o livro espírita livra do tempo perdido, a fim de que a hora vazia não nos arraste à queda em dívidas escabrosas.

Amparemos o livro respeitável, que é luz de hoje; no entanto, auxiliemos e divulguemos, quanto nos seja possível, o livro espírita, que é luz de hoje, amanhã e sempre.

O livro nobre livra da ignorância, mas o livro espírita livra da ignorância e livra do mal.

---

1 Página recebida pelo médium Francisco Cândido Xavier, em reunião pública da Comunhão Espírita Cristã, na noite de 25/2/1963, em Uberaba (MG), e transcrita em *Reformador*, abr. 1963, p. 9.

CARIDADE: AMOR EM AÇÃO

Sede bons e caridosos: essa a chave que tendes em vossas mãos. Toda a eterna felicidade se contém nesse preceito: "Amai-vos uns aos outros". KARDEC, Allan. *O evangelho segundo o espiritismo*, cap. 13, it. 12.

A Federação Espírita Brasileira (FEB), em 20 de abril de 1890, iniciou sua *Assistência aos Necessitados* após sugestão de Polidoro Olavo de S. Thiago ao então presidente Francisco Dias da Cruz. Durante 87 anos, esse atendimento representava o trabalho de auxílio espiritual e material às pessoas que o buscavam na instituição. Em 1977, esse serviço passou a chamar-se Departamento de Assistência Social (DAS), cujas atividades assistenciais nunca se interromperam.

Desde então, a FEB, por seu DAS, desenvolve ações socioassistenciais de proteção básica às famílias em situação de vulnerabilidade e risco socioeconômico. Fortalece os vínculos familiares por meio de auxílio material e orientação moral-doutrinária com vistas à promoção social e crescimento espiritual de crianças, jovens, adultos e idosos.

Seu trabalho alcança centenas de famílias. Doa enxovais para recém-nascidos, oferece refeições, cestas de alimentos, cursos para jovens, serviços de convivência e fortalecimento de vínculos para idosos e organiza doações de itens que são recebidos na instituição e repassados a quem necessitar.

Essas atividades são organizadas pelas equipes do DAS e apoiadas com recursos financeiros da instituição, dos frequentadores da casa e por meio de doações recebidas, num grande exemplo de união e solidariedade.

Seja sócio contribuinte da FEB, adquira suas obras e estará colaborando com o seu Departamento de Assistência Social.

O QUE É ESPIRITISMO?

O Espiritismo é um conjunto de princípios e leis revelados por Espíritos Superiores ao educador francês Allan Kardec, que compilou o material em cinco obras que ficariam conhecidas posteriormente como a Codificação: *O livro dos espíritos, O livro dos médiuns, O evangelho segundo o espiritismo, O céu e o inferno* e *A gênese*.

Como uma nova ciência, o Espiritismo veio apresentar à Humanidade, com provas indiscutíveis, a existência e a natureza do Mundo Espiritual, além de suas relações com o mundo físico. A partir dessas evidências, o Mundo Espiritual deixa de ser algo sobrenatural e passa a ser considerado como inesgotável força da Natureza, fonte viva de inúmeros fenômenos até hoje incompreendidos e, por esse motivo, são tidos como fantasiosos e extraordinários.

Jesus Cristo ressaltou a relação entre homem e Espírito por várias vezes durante sua jornada na Terra, e talvez alguns de seus ensinamentos pareçam incompreensíveis ou sejam erroneamente interpretados por não se perceber essa associação. O Espiritismo surge então como uma chave, que esclarece e explica as palavras do Mestre.

A Doutrina Espírita revela novos e profundos conceitos sobre Deus, o Universo, a Humanidade, os Espíritos e as leis que regem a vida. Ela merece ser estudada, analisada e praticada todos os dias de nossa existência, pois o seu valioso conteúdo servirá de grande impulso à nossa evolução.

FEB editora
Livro espírita para um novo mundo
www.febeditora.com.br
@febeditoraoficial
@febeditora

Conselho Editorial:
Carlos Roberto Campetti
Cirne Ferreira de Araújo
Evandro Noleto Bezerra
Geraldo Campetti Sobrinho – Coord. Editorial
Jorge Godinho Barreto Nery – Presidente
Maria de Lourdes Pereira de Oliveira
Miriam Lúcia Herrera Masotti Dusi

Produção Editorial:
Elizabete de Jesus Moreira

Revisão:
Davi Miranda
Denise Giusti

Capa e Projeto gráfico:
Ingrid Saori Furuta

Diagramação:
Luisa Jannuzzi Fonseca

Foto de Capa:
www.istockphoto.com / Luso

Normalização Técnica:
Biblioteca de Obras Raras e Documentos Patrimoniais do Livro

Esta edição foi impressa no sistema de Impressão pequenas tiragens, em formato fechado de 140x210 mm e com mancha de 104x168 mm. Os papéis utilizados foram o Off white 80 g/m² para o miolo e o Cartão 250 g/m² para a capa. O texto principal foi composto em fonte Adobe Garamond Pro 12/14,4 e os títulos em Adobe Garamond Pro 28/26. Impresso no Brasil. Presita en Brazilo.